매일 독일어 습관의 기적!

나의 하루 1줄 독일어 쓰기 수첩

B2-C1

✓ 고급문장 100

> "외국어는 매일의 습관입니다."

매일 독일어 습관의 기적!

나의 하루 1줄
독일어 쓰기 수첩

B2-C1

☑ 고급문장 100

매일 한 줄 쓰기의 힘

여러분,
한꺼번에 수십 개의 단어와 문장을 외웠다가
나중에 몽땅 까먹고 다시 공부하는
악순환을 반복하고 싶으신가요?

___월 ___일

se Entscheidung wurde in Bezug auf die
zukünftige Entwicklung getroffen.
이 결정은 미래 발전과 관련되어 이루어졌습니다.

Bezug auf + 4격 = ~에 관련하여
1. Bezug = 관계, 관련 (beziehen)
zukünftige Entwicklung = 미래의 발전 (여성 4격 형용사 약변화)
dung treffen = 결정을 내리다

아니면 하루 1문장씩이라도
확실히 익히고, 직접 반복해서 써 보며
온전한 내 것으로 만들어
까먹지 않고 제대로 써먹고 싶으신가요?

독일어 '공부'가 아닌
독일어 '습관'을 들이세요.

많은 사람들이 외국어를 공부할 때, 자신이 마치 내용을 한 번 입력하기만 하면
죽을 때까지 그걸 기억할 수 있는 기계인 것마냥 문법 지식과 단어를
머릿속에 최대한 많이 넣으려고 하는 경향이 있습니다.
하지만 이 공부법의 문제는? 바로 우리는 기계가 아닌 '인간'이기 때문에
한꺼번에 많은 내용을 머릿속에 욱여넣어 봐야 그때 그 순간만 기억할 뿐
시간이 지나면 거의 다 '까먹는다는 것'입니다.

'한꺼번에 많이'보다
'매일매일 꾸준히' 하세요.

까먹지 않고 내 머릿속에 오래도록 각인을 시키려면,
우리의 뇌가 소화할 수 있는 만큼만 이를 최대한 '반복'해야 합니다.
한 번에 여러 문장을 외웠다 며칠 지나 다 까먹는 악순환을 벗어나,
한 번에 한 문장씩 여러 번 반복하고 직접 써 보는 노력을 통해
독일어를 진짜 내 것으로 만드는 것이 제대로 된 방법입니다.

어느새 독일어는
'나의 일부'가 되어있을 겁니다.

자, 이젠 과도한 욕심으로 작심삼일로 끝나는 외국어 공부 패턴을 벗어나,
진짜 제대로 된 방법으로 독일어를 공부해 보는 건 어떨까요?

쓰기 수첩 활용법

TAG 001 ___월 ___일

Diese Entscheidung wurde in Bezug auf die zukünftige Entwicklung getroffen.

이 결정은 미래 발전과 관련되어 이루어졌습니다.

① in Bezug auf + 4격 = ~에 관련하여
   m. Bezug = 관계, 관련 (beziehen)
   die zukünftige Entwicklung = 미래의 발전 (여성 4격 형용사 약변화)
② eine Entscheidung treffen = 결정을 내리다

MP3 듣고 따라 말하며 세 번씩 써보기   🎧 mp3 001

①
②
③

응용해서 써본 후 MP3 듣고 따라 말하기   🎧 mp3 002

귀하의 문의와 관련하여 필요한 자료를 보내드립니다.

[문의 = f. Anfrage, 자료 = f. Unterlage]

→

In Bezug auf Ihre Anfrage sende ich Ihnen die erforderlichen Unterlagen.

1 하루 1문장씩 제대로 머릿속에 **각인시키기**

독일어 핵심 어법이 녹아 있는 문장을 하루 1개씩, 총 100개 문장을 차근차근 익혀 나가도록 합니다. 각 문장 1개를 통해 일상생활 필수 표현 및 핵심 문형 1개 & 새로운 어휘 2~3개를 함께 익힐 수 있습니다.

2 그날그날 배운 문장 1개 **반복**해서 **써 보기**

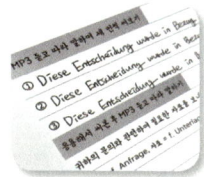

그날그날 배운 문장 1개를 수첩에 반복해서 써 보도록 합니다. 문장을 다 써 본 후엔 원어민이 직접 문장을 읽고 녹음한 MP3 파일을 듣고 따라 말하며 발음까지 확실히 내 것으로 만들도록 합니다.

3 배운 문장을 활용해 새로운 문장 **응용**해서 **써 보기**

그날그날 배우고 써 봤던 독일어 문형에 다른 어휘들을 집어 넣어 '응용 문장'을 써 보도록 합니다. 이렇게 함으로써 그날 배운 독일어 문형은 완벽한 내 것이 될 수 있습니다.

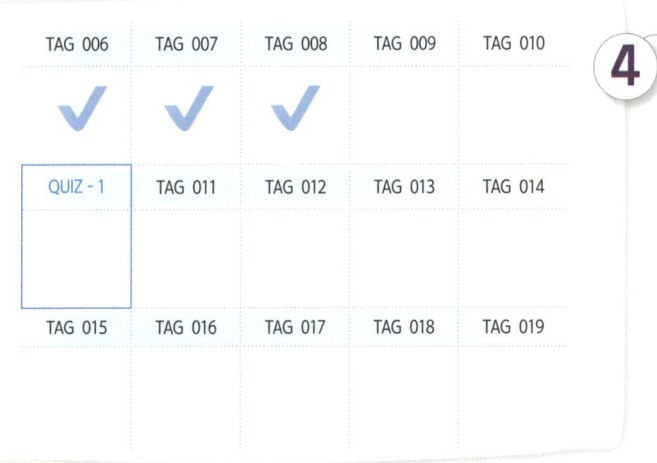

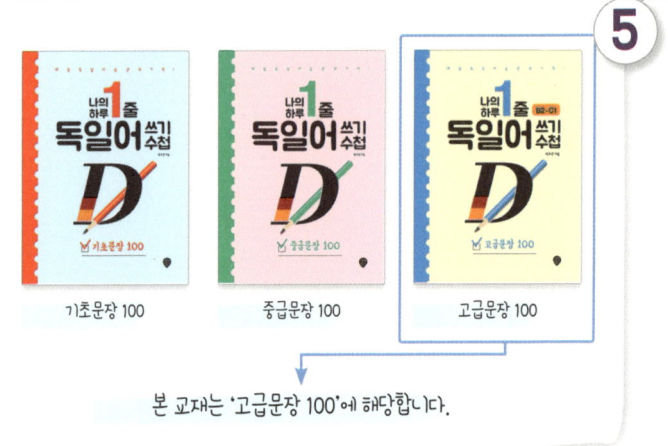

4. 매일매일 쓰기를 확실히 끝냈는지 스스로 체크하기

외국어 공부가 작심삼일이 되는 이유 중 하나는 바로 스스로를 엄격히 체크하지 않아서입니다. 매일 쓰기 훈련을 끝마친 후엔 체크 일지에 체크(V) 표시를 하며 쓰기 습관이 느슨해지지 않도록 합니다.

5. '기초-중급-고급'의 체계적인 단계별 쓰기 훈련

나의 하루 1줄 독일어 쓰기 수첩은 '기초-중급-고급'으로 구성되어 있어 수준을 단계적으로 높여 가며 독일어를 마스터할 수 있습니다.

기초문장 100	기초문장 100개를 쓰고 익히며 독일어의 기본 문장 구조 파악 및 기초 표현 학습
중급문장 100	중급문장 100개를 쓰고 익히며 다양한 시제 및 중급 레벨의 어법/표현 학습
고급문장 100	기초 및 중급을 기반으로 좀 더 길고 풍성한 고급문장 100개를 써 보며 실력 다지기

쓰기 수첩 목차

✓ Warm Up
학습 시작 전 중급문장 100 복습 018

✓ Lektion 01 관련 사항과 근거 말하기
TAG 001~010 .... 030~039
QUIZ 040

✓ Lektion 02 상관접속사 활용하기
TAG 011~020 .... 046~055
QUIZ 056

✓ Lektion 03 시제에 따른 수동태
TAG 021~030 .... 062~071
QUIZ 072

✓ Lektion 04 분사 구문 사용하기
TAG 031~040 .... 078~087
QUIZ 088

✓ Lektion 05 2격 전치사 활용하기
TAG 041~050 .... 094~103
QUIZ 104

Lektion 06   개인적 의견 주장하기

TAG 051~060   110~119
QUIZ   120

Lektion 07   그래프 묘사하기

TAG 061~070   126~135
QUIZ   136

Lektion 08   목적어와 결합된 숙어적 표현

TAG 071~080   142~151
QUIZ   152

Lektion 09   전치사와 결합된 숙어적 표현

TAG 081~090   158~167
QUIZ   168

Lektion 10   형용사와 전치사의 결합 표현들

TAG 091~100   174~183
QUIZ   184

부록

고급문장 100 주요 내용 총정리   190

나의 쓰기 체크 일지

본격적인 '나의 하루 1줄 독일어 쓰기' 학습을 시작하기에 앞서, 수첩을 활용하여 공부를 진행하는 방법 및 '나의 쓰기 체크 일지' 활용 방법을 안내해 드리도록 하겠습니다. 꼭! 읽고 학습을 진행하시기 바랍니다.

✔ 공부 방법

① 'TAG 1'마다 핵심 독일어 문형 및 문장 1개를 학습합니다.

② 배운 문장 1개를 MP3를 듣고 따라 말하며 3번씩 써 봅니다.

③ 배운 문장 구조를 응용하여 다른 문장을 작문해 본 다음 MP3를 듣고 따라 말해 봅니다.

④ 또한 Lektion 하나가 끝날 때마다 QUIZ를 풀어 보며 자신의 독일어 실력을 점검해 봅니다.

⑤ 이 같이 학습을 진행해 나가면서, '나의 쓰기 체크 일지'에 학습을 제대로 완료했는지 체크(V) 표시를 하도록 합니다.

▶▶▶ START		WARM UP		
		자, 준비됐나요? ( )		
TAG 001	TAG 002	TAG 003	TAG 004	TAG 005

TAG 006	TAG 007	TAG 008	TAG 009	TAG 010
QUIZ - 1	TAG 011	TAG 012	TAG 013	TAG 014
TAG 015	TAG 016	TAG 017	TAG 018	TAG 019
TAG 020	QUIZ - 2	TAG 021	TAG 022	TAG 023
TAG 024	TAG 025	TAG 026	TAG 027	TAG 028
TAG 029	TAG 030	QUIZ - 3	TAG 031	TAG 032
TAG 033	TAG 034	TAG 035	TAG 036	TAG 037

TAG 038	TAG 039	TAG 040	QUIZ - 4	TAG 041
TAG 042	TAG 043	TAG 044	TAG 045	TAG 046
TAG 047	TAG 048	TAG 049	TAG 050	QUIZ - 5
TAG 051	TAG 052	TAG 053	TAG 054	TAG 055
TAG 056	TAG 057	TAG 058	TAG 059	TAG 060
QUIZ - 6	TAG 061	TAG 062	TAG 063	TAG 064
TAG 065	TAG 066	TAG 067	TAG 068	TAG 069

TAG 070	QUIZ - 7	TAG 071	TAG 072	TAG 073
TAG 074	TAG 075	TAG 076	TAG 077	TAG 078
TAG 079	TAG 080	QUIZ - 8	TAG 081	TAG 082
TAG 083	TAG 084	TAG 085	TAG 086	TAG 087
TAG 088	TAG 089	TAG 090	QUIZ - 9	TAG 091
TAG 092	TAG 093	TAG 094	TAG 095	TAG 096
TAG 097	TAG 098	TAG 099	TAG 100	QUIZ - 10

나의 다짐

다짐합니다.

나는 "나의 하루 한 줄 독일어 쓰기 수첩"을

언제 어디서나 휴대하고 다니며

하루 한 문장씩 꾸준히 포기하지 않고

열심히 쓸 것을 다짐합니다.

만약 하루에 한 문장씩 쓰기로 다짐한

이 간단한 약속조차 지키지 못해

다시금 작심삼일이 될 경우,

이는 내 자신의 의지가 이 작은 것도 못 해내는

부끄러운 사람이란 것을 입증하는 것임을 알고,

따라서 내 스스로에게 부끄럽지 않도록

이 쓰기 수첩을 끝까지 쓸 것을

내 자신에게 굳건히 다짐합니다.

_____년 _____월 _____일

이름: _____

WARM UP

고급문장 100을 공부하기 전 중급문장을
제대로 알고 있는지 가볍게 확인해 봅시다.

① 화법조동사 이해하기

② 2격, 3격, 관사 이해하기

③ 위치와 방향을 나타내는 전치사 익히기

④ 시간을 나타내는 전치사 익히기

⑤ 현재완료형 : 지난 일 말하기

⑥ 과거형 : 지난 일 글로 표현하기

⑦ 재귀동사 이해하기

⑧ 명령하기 & 부탁하기

⑨ 약속 정하기 & 거절 · 승낙하기

⑩ 의견을 묻고 말하는 표현 익히기

1. 화법조동사 이해하기

001	Ich kann gut Deutsch sprechen.	나는 독일어를 잘할 수 있어.
002	Sie muss für die Prüfung viel lernen.	그녀는 시험을 위해 많은 공부를 해야 해.
003	Müsst ihr keine Jacke mitnehmen?	너희는 겉옷 안 챙겨도 되겠니?
004	Darf ich Sie etwas fragen?	당신께 질문을 해도 될까요?
005	Man darf hier nicht rauchen.	여기서는 흡연하시면 안 됩니다.
006	Soll ich am Sonntag bei dir vorbeikommen?	일요일에 내가 너희 집에 들릴까?
007	Wir wollen eine Ausstellung organisieren.	우리는 고객들을 위한 전시회를 기획하려 해.
008	Wie magst du dein Steak am liebsten?	스테이크 얼마나 익히는 게 좋아?
009	Ich möchte dich zum Geburtstag einladen.	너를 내 생일에 초대하고 싶어.
010	Sie lässt ihre Kinder das Zimmer aufräumen.	그녀는 아이들에게 방 청소를 하게 한다.

2. 2격, 3격, 관사 이해하기

011	Ich kann der Argumentation nicht zustimmen.	나는 그 주장에 동의할 수 없어.
012	Es gibt viele Andenken des Mittelalters.	중세 시대의 기념품들이 많이 있다.
013	Er hilft einer weinenden Frau.	그는 울고 있는 한 여자를 돕는다.
014	Das gönne ich dir und deiner Familie!	너와 너의 가족에게 정말 잘됐다!
015	Sie kauft den Gebrauchtwagen meines Kollegen.	그녀는 내 동료의 중고차를 구입해.
016	Einer der Studenten kommt aus Frankreich.	학생들 중 한 명은 프랑스 출신이다.
017	Keiner meiner Freunde will mit ihm reden.	내 친구들 중 아무도 그와 대화하고 싶어 하지 않아.
018	Mein Handy ist viel leichter als deins.	내 휴대폰이 너의 것보다 훨씬 가벼워.
019	Sie geht mir auf die Nerven.	걔가 날 짜증나게 해.
020	Mir ist zu kalt.	나에게는 너무 추워.

3. 위치와 방향을 나타내는 전치사 익히기

021	Viele Touristen liegen den ganzen Tag am Strand.	많은 여행객들이 하루 종일 해변가에 누워 있어요.
022	Auf der Insel Jeju verbringen wir eine schöne Zeit.	제주도에서 우리는 좋은 시간을 보낸다.
023	Neben dem Tisch steht ein Kühlschrank.	테이블 옆에는 냉장고가 있어.
024	Ein Mobile hängt über dem Babybett.	모빌이 아기 침대 위에 걸려 있어.
025	Unter meinem Bett liegen alte Bücher.	내 침대 아래에는 오래된 책들이 쌓여 있어.
026	Vor der Kirche findet ein Weihnachtsmarkt statt.	교회 앞에서 크리스마스 마켓이 열린다.
027	Hinter der Geschichte steckt immer die Wahrheit.	역사 뒷면에는 항상 진실이 있다.
028	Ich wohne in einer Wohngemeinschaft.	나는 공동 기숙사에 살고 있어.
029	Die Wohnungen außerhalb der Stadt sind billiger.	도시 외곽에 있는 집들은 가격이 저렴해요.
030	Kommst du zu mir nach Hause?	우리 집에 놀러 올래?

4. 시간을 나타내는 전치사 익히기

031	Warum bin ich im Frühling so müde?	왜 나는 봄에 이렇게 졸릴까?
032	Am Montag werde ich die Abschlussprüfung machen.	난 월요일에 졸업 시험을 쳐.
033	Mein Vater liest immer beim Frühstück die Zeitung.	우리 아빠는 아침 식사할 때마다 신문을 보셔.
034	Sie kommt gegen 7 Uhr von der Arbeit nach Hause.	그녀는 7시쯤 직장에서 집으로 돌아와.
035	Innerhalb eines Monats erhalten Sie eine Rückerstattung.	한 달 안에 당신은 환불받으실 수 있습니다.
036	Während des Fluges muss man die elektronischen Geräte ausschalten.	비행 중에는 전자 기기를 꺼 놓아야 해요.
037	Seit einem Jahr wohne ich in Deutschland.	1년 전부터 저는 독일에 살고 있어요.
038	Der Unterricht beginnt um 9 Uhr morgens.	수업은 아침 9시에 시작해.
039	Vor einem Jahr habe ich ihn zum ersten Mal getroffen.	1년 전에 나는 처음으로 그를 만났어.
040	Viele Geschäfte schließen zwischen Weihnachten und Neujahr.	많은 상점들은 크리스마스와 새해 사이에 문을 닫아요.

5. 현재완료형 : 지난 일 말하기

041	Ich habe vor 2 Jahren als Sekretärin gearbeitet.	난 2년 전에 비서로 일했었어.
042	Er hat an der Universität Germanistik studiert.	그는 대학에서 독문학을 전공했어.
043	Sie hat ihren Freund zur Party mitgebracht.	그녀는 그녀의 남자 친구를 파티에 데리고 왔어.
044	Sie haben das noch nicht verstanden.	그들은 아직도 이해를 못했어요.
045	Wir haben uns entschieden, eine neue Kaffeemaschine zu kaufen.	새 커피 머신을 사기로 우린 결정했어.
046	Er hat am Flughafen einer älteren Dame geholfen.	그는 공항에서 한 할머니를 도왔어요.
047	Wie viel Wasser habt ihr heute getrunken?	너희 오늘 물을 얼마나 마셨니?
048	Ich habe ihr eine SMS zugesandt.	나는 그녀에게 문자를 보냈어.
049	Früher ist man weite Strecken zu Fuß gegangen.	옛날에는 먼 거리를 걸어 다녔어.
050	Ich bin auf der Straße meinem Nachbarn begegnet.	나는 거리에서 이웃을 마주쳤어.

6. 과거형 : 지난 일 글로 표현하기

051	Warst du schon einmal in Europa?	유럽에 가 본 적 있니?
052	Er hatte früher einen Pool im Garten.	그는 옛날에 정원에 수영장을 가지고 있었어.
053	Die Arbeitsplätze wurden jedes Jahr mehr.	일자리는 매년 늘어났다.
054	Ich wusste nicht, dass es so viele Infektionsfälle gibt.	코로나 확진자가 이렇게 많은지 몰랐어.
055	Ich dachte, dass du das schon beantwortet hast.	나는 네가 이미 답변했다고 생각했어.
056	Es gab einen großen Supermarkt in meinem Dorf.	내 마을에는 큰 슈퍼마켓이 있었어.
057	Sie bat mich um ein Glas Saft.	그녀는 나에게 주스 한 잔을 부탁했어.
058	Mein Lehrer empfahl, eine Ausbildung zu machen.	선생님께서는 나에게 직업 교육을 받는 것을 추천하셨어.
059	Er lernte sie in der Bibliothek kennen.	나는 도서관에서 그녀와 알게 되었어.
060	Ich wollte dir sagen, dass ich dich liebe.	너를 사랑한다고 말하려 했어.

7. 재귀동사 이해하기

061	Sie setzt sich auf den Stuhl.	그녀는 의자에 앉는다.
062	Ich wasche mir immer vor dem Essen die Hände.	나는 먹기 전에 손을 씻어.
063	Was ziehen Sie sich morgen an?	내일 무엇을 입을 예정이세요?
064	Wie merkst du dir die Vokabeln so schnell?	어떻게 너는 단어들을 빠르게 외우니?
065	Wir leisten uns eine neue Küche.	우리는 새로운 부엌을 마련했어.
066	Konzentriert ihr euch nur auf Mathematik?	너희들은 수학에만 집중하니?
067	Ich interessiere mich für verschiedene Kulturen.	나는 다양한 문화에 관심이 많아.
068	Ich erinnere mich nicht an meine Kindheit.	나는 내 어린 시절이 기억나지 않아.
069	Ich bedanke mich für Ihre Einladung.	당신의 초대에 감사드립니다.
070	Wir freuen uns sehr über Ihren Besuch.	우리는 당신의 방문에 대해 매우 기쁩니다.

8. 명령하기 & 부탁하기

071	Entschuldigen Sie mich bitte für die Verspätung.	지각해서 죄송합니다.
072	Komm nicht zu spät nach Hause.	집에 너무 늦게 들어오지 마.
073	Macht euch keine Sorgen!	너무 걱정하지 마!
074	Sei anständig!	품행을 단정히 하세요!
075	Sei nicht so laut.	너무 시끄럽게 하지 마.
076	Seid nicht überrascht.	얘들아, 놀라지 마.
077	Könnten Sie bitte etwas langsamer sprechen?	조금 천천히 말씀해 주시겠어요?
078	Ich hätte gern eine Packung Milch.	우유 한 팩 주세요.
079	Würdest du bitte das Fenster zumachen?	창문 좀 닫아 주겠니?
080	Ich würde gern für Donnerstag einen Termin machen.	저는 목요일에 예약을 잡고 싶습니다.

9. 약속 정하기 & 거절·승낙하기

081	Wollen wir uns am Freitag um 2 Uhr treffen?	우리 금요일 2시에 만나지 않을래?
082	Wir können vielleicht einen günstigen Zug nehmen.	우리는 아마 저렴하게 기차를 탈 수 있을 거야.
083	Was hast du in den Ferien vor?	방학 때 무엇을 할 계획이니?
084	Hast du vielleicht am nächsten Wochenende Zeit?	혹시 다음 주말에 시간 있니?
085	Um wie viel Uhr sehen wir uns denn?	우리 몇 시에 만나는 거야?
086	Wann möchtest du die Party veranstalten?	너는 언제 파티를 열 생각이야?
087	Ich kann mir am Wochenende Zeit nehmen.	나는 주말에 시간을 낼 수 있어.
088	Am nächsten Wochenende geht es leider nicht.	다음 주말은 아쉽지만 어려울 것 같아.
089	Da habe ich leider keine Zeit, weil ich eine andere Verabredung habe.	다른 약속이 있어서 그때 시간이 안 될 것 같아.
090	Lass uns heute ins Kino gehen!	우리 오늘 영화 보러 가자!

10. 의견을 묻고 말하는 표현 익히기

091	Wie findest du meine neuen Schuhe?	내 새 신발 어떠니?
092	Ich halte das für eine gute Idee.	좋은 생각인 것 같아.
093	Was denken Sie über die Situation?	이 상황에 대해 어떻게 생각하시나요?
094	Wie gefällt Ihnen das Angebot?	이 매물은 어떤가요?
095	Mir hat die Stadt richtig gut gefallen.	저는 그 도시가 정말 마음에 들었어요.
096	Wie wäre es mit einem anderen Termin?	다른 날 약속을 잡는 것 어떠세요?
097	Ich schlage dir vor, einen Ausflug zu machen.	같이 소풍가는 것을 제안할게.
098	Ich denke, dass es auch andere Alternativen gibt.	내 생각엔 다른 대안이 있을 것 같아.
099	Ich bin damit einverstanden.	저는 그것에 대해 동의합니다.
100	Davon bin ich überzeugt.	저는 그것에 대해 확신합니다.

MEMO 복습한 문장의 주요 내용을 정리해 보세요.

LEKTION 01

관련 사항과 근거 말하기

TAG 001 Diese Entscheidung wurde in Bezug auf die zukünftige Entwicklung getroffen.

TAG 002 Im Zusammenhang mit den Sicherheitsvorkehrungen sollten wir alle Vorschriften einhalten.

TAG 003 Das bezieht sich auf die neuesten Entwicklungen.

TAG 004 Hinsichtlich des Projekts sollten Sie sich mit dem Team in Verbindung setzen.

TAG 005 Bezüglich des Zeitplans sollten wir eine Besprechung ansetzen.

TAG 006 Dagegen spricht der Mangel an Flexibilität im System.

TAG 007 Ein Grund dafür ist die fortschreitende Technologieentwicklung.

TAG 008 Das liegt daran, dass die Nachfrage stetig gestiegen ist.

TAG 009 Aufgrund technischer Probleme konnte die Präsentation nicht durchgeführt werden.

TAG 010 Ein weiteres Argument für die öffentlichen Verkehrsmittel ist die Verkehrsreduzierung.

TAG 001 ＿＿＿월 ＿＿＿일

> **Diese Entscheidung wurde in Bezug auf die zukünftige Entwicklung getroffen.**
>
> 이 결정은 미래 발전과 관련되어 이루어졌습니다.

① in Bezug auf + 4격 = ~에 관련하여
   m. Bezug = 관계, 관련 (beziehen)
   die zukünftige Entwicklung = 미래의 발전 (여성 4격 형용사 약변화)
② eine Entscheidung treffen = 결정을 내리다
   = sich entscheiden für + 4격
③ 수동태의 과거시제 = wurden + p.p(과거분사)

| MP3 듣고 따라 말하며 세 번씩 써보기 | 🎧 mp3 001 |

①
②
③

| 응용해서 써본 후 MP3 듣고 따라 말하기 | 🎧 mp3 002 |

귀하의 문의와 관련하여 필요한 자료를 보내드립니다.

[문의 = f. Anfrage, 자료 = f. Unterlage]

→

In Bezug auf Ihre Anfrage sende ich Ihnen die erforderlichen Unterlagen.

TAG 002 ___월 ___일

> **Im Zusammenhang mit den Sicherheitsvorkehrungen sollten wir alle Vorschriften einhalten.**
>
> 안전 조치와 관련해서 우리는 모든 규정을 준수해야 합니다.

① im Zusammenhang mit + 3격 = ~에 관련하여
　m. Zusammenhang = 관계, 맥락 (zusammenhängen)
② Vorschriften einhalten = 규정을 지키다
　f. Vorschrift = 지시, 규정
③ f. Sicherheitsvorkehrung = 안전 대책 → [f. Sicherheit + f. Vorkehrung]
　두 단어가 결합한 결합명사는 항상 뒤에 오는 명사의 성을 따릅니다.

| MP3 듣고 따라 말하며 세 번씩 써보기 | 🎧 mp3 003 |

①
②
③

| 응용해서 써본 후 MP3 듣고 따라 말하기 | 🎧 mp3 004 |

이 결정은 기술적 발전과 관련하여 이루어졌습니다.

[기술상의 = technologisch]

→

> Diese Entscheidung wurde im Zusammenhang mit der technologischen Entwicklung getroffen.

TAG 003 ___월 ___일

> ## Das bezieht sich auf die neuesten Entwicklungen.
>
> 이것은 최근의 발전과 관련이 있습니다.

① sich beziehen auf + 4격 = ~에 관련이 있다
  → 재귀동사로 쓰이며, 전치사 auf와 항상 함께 쓰는 표현입니다.

② f. Entwicklung = 발전
  die neuesten Entwicklungen = 최근의 발전
  → 형용사 최상급은 항상 정관사와 함께 사용되며, 복수 4격 형용사 약변화입니다.

MP3 듣고 따라 말하며 세 번씩 써보기 🎧 mp3 005

①
②
③

응용해서 써본 후 MP3 듣고 따라 말하기 🎧 mp3 006

이것은 현재의 정치적 상황과 관련이 있습니다.

[현재의 = aktuell, 정치적인 = politisch]

→

> Das bezieht sich auf die aktuelle politische Lage.

TAG 004 ___월___일

> **Hinsichtlich** des Projekts sollten Sie sich mit dem Team in Verbindung setzen.
>
> 프로젝트와 관련하여 팀에 연락하는 것이 좋습니다.

① Hinsichtlich + 2격 = ~에 관해서 → 항상 2격 명사와 함께 사용되는 전치사입니다.

　hinsichtlich des Projekts = 프로젝트와 관련하여 → 남성 2격으로 명사 뒤에 -s가 추가됩니다.

② f. Verbindung = 연결, 연락

　sich in Verbindung setzen mit + 3격 = ~와 접촉하다, 연락하다

③ 화법조동사 sollen 접속법 2식 형태로 사용되었으며,

　권고 사항 또는 의견을 주장하는 경우에 자주 활용되는 문체입니다.

MP3 듣고 따라 말하며 세 번씩 써보기　　　🎧 mp3 007

①

②

③

응용해서 써본 후 MP3 듣고 따라 말하기　　　🎧 mp3 008

여행 계획에 관한 네 질문에 대해 몇 가지 팁을 줄 수 있어.

[여행 계획 = f. Reiseplanung, 몇몇의 = einig]

→

> Hinsichtlich deiner Frage zur Reiseplanung kann ich dir einige Tipps geben.

TAG 005 ___월___일

Bezüglich des Zeitplans sollten wir eine **Besprechung ansetzen.**

일정에 관해서 우리는 회의를 해야 합니다.

① bezüglich + 2격 = ~와 연관하여
   Bezüglich des Zeitplans = 일정에 관련하여
   Bezüglich → 2격 지배 전치사이며, 남성 2격의 경우 명사 뒤에 -s가 추가됩니다.
② f. Besprechung = 회의 / etw. ansetzen = ~을 시작하다, 시도하다
   eine Besprechung ansetzen = 회의를 시작하다

MP3 듣고 따라 말하며 세 번씩 써보기 🎧 mp3 009

①

②

③

응용해서 써본 후 MP3 듣고 따라 말하기 🎧 mp3 010

환경에 미치는 영향에 관한 조치가 필요하다.

[환경에 미치는 영향 = pl. Umweltauswirkungen]

→

Bezüglich der Umweltauswirkungen sind Maßnahmen erforderlich.

TAG 006 ___월 ___일

> ## Dagegen spricht
> ## der Mangel an Flexibilität im System.
> 반면에, 시스템의 유연성 부족이 그에 대한 부정적인 측면이다.

① dagegen spricht … = ~에 반하여, 반면에 (↔ dafür spricht … = ~에 찬성하여)

② m. Mangel = 부족

　der Mangel an + 3격 = ~에 대한 부족

③ f. Flexibilität = 유연성

　Flexibilität im System = 시스템의 유연성

| MP3 듣고 따라 말하며 세 번씩 써보기 | 🎧 mp3 011 |

①

②

③

| 응용해서 써본 후 MP3 듣고 따라 말하기 | 🎧 mp3 012 |

반면에, 그 상품의 높은 가격이 그에 대한 단점이다.

[상품 = m. Artikel, 가격 = m. Preis]

→

> Dagegen spricht der hohe Preis des Artikels.

TAG 007 ___월 ___일

> ## Ein Grund dafür ist die fortschreitende Technologieentwicklung.
> 이에 대한 이유 중 하나는 진보하는 기술 발전입니다.

① Ein Grund dafür … = ~에 대한 이유는
 → 서두에서 언급된 주제에 대한 이유를 설명할 때 사용할 수 있습니다.

② f. Technologieentwicklung = 기술 발전
 fortschreitend = 진보하는, 발전하는 (현재분사 + 형용사 어미 변화)
 die fortschreitende Technologieentwicklung = 진보하는 기술 발전
 → 현재분사가 명사를 수식하면 형용사 어미 변화됩니다.

MP3 듣고 따라 말하며 세 번씩 써보기	🎧 mp3 013

①

②

③

응용해서 써본 후 MP3 듣고 따라 말하기	🎧 mp3 014

그 이유 중 하나는, 우리가 더 효과적인 해결책을 찾았기 때문입니다.

[효과적인 = effektiv, 해결책 = f. Lösung]

→

> Ein Grund dafür ist, dass wir eine effektivere Lösung gefunden haben.

TAG 008 ___월 ___일

> ## Das liegt daran, dass die Nachfrage stetig gestiegen ist.
> 그 이유는 수요가 꾸준히 증가했기 때문입니다.

① Das liegt an + 3격 = ~때문이다

　Das liegt daran, dass = ~한 이유 때문이다

　daran = da+(r)an을 선행사로 두고, dass 절에서 내용을 설명할 수 있습니다.

② f. Nachfrage = 수요

　die Nachfrage steigen = 수요가 높아지다

　stetig = 꾸준하게, 끊임없이

MP3 듣고 따라 말하며 세 번씩 써보기	🎧 mp3 015

①

②

③

응용해서 써본 후 MP3 듣고 따라 말하기	🎧 mp3 016

그 이유는 고객이 서비스에 만족하고 있기 때문입니다.

[고객 = m. Kunde, 만족한 = zufrieden]

→

Das liegt daran, dass die Kunden mit dem Service zufrieden sind.

TAG 009 ___월 ___일

> Aufgrund technischer Probleme konnte die Präsentation nicht durchgeführt werden.
>
> 기술적 문제로 인해 발표는 진행되지 않았습니다.

① aufgrund + 2격 = ~때문에
   aufgrund → 2격 지배 전치사이며, '원인'을 명사 형태로 사용해야 합니다.
   aufgrund technischer Probleme = 기술적인 문제 때문에 (복수 2격 형용사 강변화)
② durchführen = 진행하다 / durchgeführt werden = 진행되다
   → [werden + 과거분사] 수동태 형태로 쓰였으며,
   화법조동사 konnte와 함께 사용되었을 때는 werden이 후치됩니다.

MP3 듣고 따라 말하며 세 번씩 써보기	🎧 mp3 017

①
②
③

응용해서 써본 후 MP3 듣고 따라 말하기	🎧 mp3 018

날씨가 좋지 않아서 우리는 소풍을 취소해야 했습니다.

[좋지 않은 = schlecht, 소풍 = m. Ausflug]

→

> Aufgrund des schlechten Wetters mussten wir den Ausflug absagen.

TAG 010 ___월 ___일

> **Ein weiteres Argument für** die öffentlichen Verkehrsmittel ist die Verkehrsreduzierung.
>
> 대중교통 수단에 대한 또 다른 주장은 교통량 감소입니다.

① Ein weiteres Argument für + 4격 = ~에 대한 또 다른 주장은
   s. Argument für + 4격 = ~에 대한 주장
   첫 번째 의견을 설명한 뒤, 이어서 두 번째 의견을 주장할 때 사용할 수 있는 표현입니다.
② die öffentlichen Verkehrsmittel = 대중교통
   f. Verkehrsreduzierung = 교통량 감소
   → [m. Verkehr = 교통] + [f. Reduzierung = 감소]

MP3 듣고 따라 말하며 세 번씩 써보기	🎧 mp3 019

①

②

③

응용해서 써본 후 MP3 듣고 따라 말하기	🎧 mp3 020

재생 에너지에 대한 또 다른 주장은 그들의 친환경성입니다.

[재생 에너지 = erneuerbare Energie, 친환경성 = f. Umweltfreundlichkeit]

→

Ein weiteres Argument für erneuerbare Energien ist ihre Umweltfreundlichkeit.

QUIZ

정답 p.044

01 Diese Entscheidung wurde (　　　　　　　) die zukünftige Entwicklung getroffen.

이 결정은 미래 발전과 관련되어 이루어졌습니다.

02 In Bezug auf Ihre Anfrage sende ich Ihnen die (　　　　　　　　　).

귀하의 문의와 관련하여 필요한 자료를 보내드립니다.

03 Im (　　　　　　　) mit den Sicherheitsvorkehrungen sollten wir alle Vorschriften einhalten.

안전 조치와 관련해서 우리는 모든 규정을 준수해야 합니다.

04 Diese Entscheidung wurde im Zusammenhang mit der (　　　　　　　　　) getroffen.

이 결정은 기술적 발전과 관련하여 이루어졌습니다.

05 Das (　　　) sich (　　　　　) die neuesten Entwicklungen.

이것은 최근의 발전과 관련이 있습니다.

06 Das bezieht sich auf die aktuelle (   ).

이것은 현재의 정치적 상황과 관련이 있습니다.

07 (   ) des Projekts sollten Sie sich mit dem Team in Verbindung setzen.

프로젝트와 관련하여 팀에 연락하는 것이 좋습니다.

08 Hinsichtlich deiner Frage (   ) kann ich dir einige Tipps geben.

여행 계획에 관한 네 질문에 대해 몇 가지 팁을 줄 수 있어.

09 Bezüglich des Zeitplans sollten wir eine (   ).

일정에 관해서 우리는 회의를 해야 합니다.

10 Bezüglich der Umweltauswirkungen sind (   ) erforderlich.

환경에 미치는 영향에 관한 조치가 필요하다.

11 Dagegen spricht der (   ) Flexibilität im System.

반면에, 시스템의 유연성 부족이 그에 대한 부정적인 측면이다.

12 Dagegen spricht (   ) des Artikels.

반면에, 그 상품의 높은 가격이 그에 대한 단점이다.

13 Ein Grund dafür ist die fortschreitende (   ).

이에 대한 이유 중 하나는 진보하는 기술 발전입니다.

14 Ein Grund dafür ist, dass wir (   )

gefunden haben.

그 이유 중 하나는, 우리가 더 효과적인 해결책을 찾았기 때문입니다.

15 (   ), dass die Nachfrage stetig gestiegen ist.

그 이유는 수요가 꾸준히 증가했기 때문입니다.

16 Das liegt daran, dass die Kunden (   ) dem Service (   )

sind.

그 이유는 고객이 서비스에 만족하고 있기 때문입니다.

17 ( ) konnte die Präsentation nicht durchgeführt werden.

기술적 문제로 인해 발표는 진행되지 않았습니다.

18 Aufgrund des schlechten Wetters mussten wir ( ).

날씨가 좋지 않아서 우리는 소풍을 취소해야 했습니다.

19 Ein weiteres Argument für ( ) ist die Verkehrsreduzierung.

대중교통 수단에 대한 또 다른 주장은 교통량 감소입니다.

20 Ein weiteres Argument für ( ) ist ihre ( ).

재생 에너지에 대한 또 다른 주장은 그들의 친환경성입니다.

정답 확인

01 in Bezug auf
02 erforderlichen Unterlagen
03 Zusammenhang
04 technologischen Entwicklung
05 bezieht / auf
06 politische Lage
07 Hinsichtlich
08 zur Reiseplanung
09 Besprechung ansetzen
10 Maßnahmen
11 Mangel an
12 der hohe Preis
13 Technologieentwicklung
14 eine effektivere Lösung
15 Das liegt daran
16 mit / zufrieden
17 Aufgrund technischer Probleme
18 den Ausflug absagen
19 die öffentlichen Verkehrsmittel
20 erneuerbare Energien / Umweltfreundlichkeit

MEMO 틀린 문장이 있을 경우 아래에 몇 번씩 반복해서 써보세요.

LEKTION 02

상관접속사 활용하기

TAG 011　Zwar dauert die Lieferung länger, aber die Produkte sind hochwertig.

TAG 012　Sowohl die Theorie als auch die Praxis sind wichtig in der Ausbildung.

TAG 013　Nicht nur die Effizienz, sondern auch die Nachhaltigkeit ist gefragt.

TAG 014　Er hat weder Zeit noch Interesse, um an der Veranstaltung teilzunehmen.

TAG 015　Einerseits möchte ich Sport treiben, andererseits fehlt mir die Motivation dazu.

TAG 016　Auf der einen Seite gibt es viele Möglichkeiten zur Weiterbildung, auf der anderen Seite fehlt es an Zeit.

TAG 017　Im Gegensatz zu dem neuen Gebäude ist das Alte sehr baufällig.

TAG 018　Die Bildungsausgaben pro Schüler sind in Deutschland im Vergleich zu Korea höher.

TAG 019　Der Arbeitsansatz ist im Unterschied zu traditionellen Methoden flexibel.

TAG 020　Anders als in Deutschland sind die Geschäfte in Südkorea oft bis spät in die Nacht geöffnet.

TAG 011 ___월 ___일

> Zwar dauert die Lieferung länger,
> aber die Produkte sind hochwertig.
>
> ~~비록~~ 배송이 더 오래 걸리~~지만~~ 제품은 고품질입니다.

① zwar ⋯ aber ⋯ = ~이긴 하지만 그러나
 zwar(도치) + 동사 + 주어 / aber(정치) + 주어 + 동사
 부사와 등위접속사 aber의 어순에 주의해야 합니다.
② f. Lieferung = 배송, 배달
 dauern = 시간이 걸리다
 hochwertig = 고품질의

MP3 듣고 따라 말하며 세 번씩 써보기	🎧 mp3 021

①

②

③

응용해서 써본 후 MP3 듣고 따라 말하기	🎧 mp3 022

비록 그가 많은 경험을 가지고 있지만, 그는 아직 스스로를 증명해야 합니다.

[경험 = f. Erfahrung, 증명하다 = beweisen]

→

Zwar hat er viel Erfahrung, aber er muss sich noch beweisen.

TAG 012 ___월 ___일

> ## Sowohl die Theorie als auch die Praxis sind wichtig in der Ausbildung.
>
> 이론뿐만 아니라 실무도 직업 교육에서 중요합니다.

① sowohl A als auch B = A뿐만 아니라 B도
  → 주로 한 문장 안에서 사용되는 상관접속사.
  f. Theorie = 이론 / f. Praxis = 실전, 실무
② f. Ausbildung = 직업 교육
  in der Ausbildung = 직업 교육상에서 (in + 여성 3격)

MP3 듣고 따라 말하며 세 번씩 써보기　　　　　🎧 mp3 023

①
②
③

응용해서 써본 후 MP3 듣고 따라 말하기　　　　🎧 mp3 024

그는 독일어와 영어를 모두 유창하게 구사합니다.

[유창한 = fließend, 구사하다/말하다 = sprechen]

→

> Er spricht sowohl Deutsch als auch Englisch fließend.

TAG 013   ___월 ___일

> ## Nicht nur die Effizienz, sondern auch die Nachhaltigkeit ist gefragt.
>
> 효율성뿐만 아니라 지속성도 요구됩니다.

① nicht nur A ··· sondern auch B = A뿐만 아니라 B도
　→ 주로 두 문장에 걸쳐서 연결되는 상관접속사.

② f. Effizienz = 효율
　f. Nachhaltigkeit = 지속성
　gefragt sein = 요구되는 (fragen의 과거분사 형태)

| MP3 듣고 따라 말하며 세 번씩 써보기 | mp3 025 |

①

②

③

| 응용해서 써본 후 MP3 듣고 따라 말하기 | mp3 026 |

양뿐만 아니라 다양성도 중요합니다.

[양 = f. Quantität, 다양성 = f. Vielfalt]

→

> Nicht nur die Quantität, sondern auch die Vielfalt ist entscheidend.

TAG 014 ___월 ___일

> Er hat weder Zeit noch Interesse,
> um an der Veranstaltung teilzunehmen.
>
> 그는 시간도 없고 흥미도 없어서 행사에 참석하지 않습니다.

① weder A ⋯ noch B = A도 아니고 B도 아닌
  → 부정형 문장에서 사용되는 상관접속사.
  부정문으로 해석하고, A와 B에는 주로 명사가 쓰입니다.
② teilnehmen an + 3격 = ~에 참석하다 / um ⋯ zu = ~하기 위해서
  → um teilzunehmen = 참석하기 위해서
  f. Veranstaltung = 행사 / an der Veranstaltung = 행사에서

MP3 듣고 따라 말하며 세 번씩 써보기	🎧 mp3 027

①

②

③

응용해서 써본 후 MP3 듣고 따라 말하기	🎧 mp3 028

그 책은 재미도 없고 글도 별로야.

[흥미로운 = spannend, 쓰여 있다 = geschrieben sein]

→

Das Buch ist weder spannend noch gut geschrieben.

TAG 015 ___월 ___일

> **Einerseits** möchte ich Sport treiben,
> **andererseits** fehlt mir die Motivation dazu.
>
> 한편으로는 더 많은 운동을 하고 싶은 반면 동기 부여가 부족합니다.

① einerseits … andererseits = 한편으로는 … 반면
  → 두 상관접속사 모두 동사 + 주어로 도치됩니다.
② Sport treiben(=machen) = 운동을 하다
  jm. fehlen = ~에게 부족하다
  f. Motivation dazu = 그에 대한 동기 부여

| MP3 듣고 따라 말하며 세 번씩 써보기 | mp3 029 |

①

②

③

| 응용해서 써본 후 MP3 듣고 따라 말하기 | mp3 030 |

한편으로는 그 프로젝트가 흥미로운 반면 매우 어렵습니다.

[흥미있는 = interessant, 어려운/까다로운 = anspruchsvoll]

→

> Einerseits ist das Projekt interessant, andererseits ist es auch sehr anspruchsvoll.

TAG 016 ___월 ___일

> Auf der einen Seite gibt es viele Möglichkeiten zur Weiterbildung, auf der anderen Seite fehlt es an Zeit.
>
> 한편으로는 교육에 대해 많은 기회가 있지만, 반면에는 시간이 부족합니다.

① auf der einen Seite … auf der anderen Seite = 한편으로는 …, 다른 한편으로는
   f. Seite = 면, 사이드
② f. Möglichkeit = 기회, 가능성
   viele Möglichkeiten zur Weiterbildung = 교육에 대한 많은 기회
③ es fehlt an + 3격 = ~이 부족하다
   es fehlt an Zeit = 시간이 부족하다

| MP3 듣고 따라 말하며 세 번씩 써보기 | 🎧 mp3 031 |

①
②
③

| 응용해서 써본 후 MP3 듣고 따라 말하기 | 🎧 mp3 032 |

한편으로는 스마트폰이 편리하지만, 반면에는 그 사용이 중독을 일으킬 수 있습니다.

[편리한/유용한 = praktisch, 사용 = f. Nutzung, 중독의 = süchtig]

→

> Auf der einen Seite sind Smartphones praktisch, auf der anderen Seite kann ihre Nutzung süchtig machen.

TAG 017 ___월 ___일

> ## Im Gegensatz zu dem neuen Gebäude ist das Alte sehr baufällig.
> 새 건물과는 반대로 예전 건물은 노후화되었다.

① im Gegensatz zu + 3격 = ~와는 반대로
   n. Gebäude = 건물
   zu dem neuen Gebäude = 새 건물에 대한
② das alte Gebäude = das Alte = 오래된 건물 (중성명사화)
   이미 언급된 중성명사를 [정관사 + 형용사]로 약변화시켜 단어 중복 사용을 방지할 수 있습니다.

| MP3 듣고 따라 말하며 세 번씩 써보기 | 🎧 mp3 033 |

①
②
③

| 응용해서 써본 후 MP3 듣고 따라 말하기 | 🎧 mp3 034 |

그의 가족과 달리 그는 일상에서 매우 바쁘다.
[바쁜 = beschäftigt, 일상 = m. Alltag]

→

> Im Gegensatz zu seiner Familie ist er im Alltag sehr beschäftigt.

TAG 018 ___월___일

> Die Bildungsausgaben pro Schüler sind in Deutschland im Vergleich zu Korea höher.
>
> 학생당 교육 비용은 한국과 비교했을 때 독일이 더 높습니다.

① im Vergleich zu + 3격 = ~에 비교하여
   im Vergleich zu Korea = 한국에 비해
② pro Schüler = 학생당 (pro + 단수명사)
   f. Bildungsausgabe = 교육 비용, 교육 지출 → [f. Bildung + f. Ausgabe]
③ hoch – höher – am höchsten
   → 형용사 '높은'의 변화 3요형

MP3 듣고 따라 말하며 세 번씩 써보기	🎧 mp3 035

①

②

③

응용해서 써본 후 MP3 듣고 따라 말하기	🎧 mp3 036

독일의 인구 밀도는 한국과 비교했을 때 낮습니다.

[인구 밀도 = f. Bevölkerungsdichte]

→

> Die Bevölkerungsdichte in Deutschland ist im Vergleich zu Korea geringer.

TAG 019 ___월 ___일

> # Der Arbeitsansatz ist im Unterschied zu traditionellen Methoden flexibel.
> ### 업무 방식은 전통적인 방법과 대조적으로 유연합니다.

① im Unterschied zu + 3격 = ~와 달리, 대조적으로
　m. Unterschied = 차이
　ein großer Unterschied = 큰 차이
② m. Arbeitsansatz = 업무 방식
③ traditionelle Methode = 전통적인 방법
　traditionellen Methoden → 여성명사에 대한 강변화 형용사 어미 변화

| MP3 듣고 따라 말하며 세 번씩 써보기 | 🎧 mp3 037 |

①

②

③

| 응용해서 써본 후 MP3 듣고 따라 말하기 | 🎧 mp3 038 |

한국과 달리 독일에서는 저녁 식사를 종종 더 일찍 합니다.

[저녁 식사 = n. Abendessen, 더 일찍/보다 이르게 = früher]

→

> Im Unterschied zu Korea wird in Deutschland das Abendessen oft früher gegessen.

TAG 020 ___월 ___일

> **Anders als** in Deutschland sind die Geschäfte in Südkorea oft bis spät in die Nacht geöffnet.
>
> **독일과는 다르게** 한국에서는 가게들이 종종 늦은 시간까지 열려 있습니다.

① anders als + 비교 대상 = ~와는 다르게
  anders als + in + 국가명 = ~에서와는 달리
② bis spät in die Nacht = 늦은 밤까지
③ geöffnet sein = 열려 있는 상태이다
  상태수동 [과거분사 + sein]으로 사용되면,
  동작수동 [werden + 과거분사]보다 '현재의 상태'에 더 집중된 표현이 됩니다.

| MP3 듣고 따라 말하며 세 번씩 써보기 | mp3 039 |

①

②

③

| 응용해서 써본 후 MP3 듣고 따라 말하기 | mp3 040 |

새로운 모델에 비해 옛날 기기는 부피가 크고 무거웠다.

[기기 = n. Gerät, 부피가 큰 = sperrig, 무거운 = schwer]

→

Anders als das neue Modell war das alte Gerät sperrig und schwer.

QUIZ

정답 p.060

01 (   ) dauert die Lieferung länger, (   ) die Produkte sind hochwertig.

비록 배송이 더 오래 걸리지만 제품은 고품질입니다.

02 Zwar hat er viel Erfahrung, aber er muss (   ) noch (   ).

비록 그가 많은 경험을 가지고 있지만, 그는 아직 스스로를 증명해야 합니다.

03 (   ) die Theorie (   ) die Praxis sind wichtig in der Ausbildung.

이론뿐만 아니라 실무도 직업 교육에서 중요합니다.

04 Er (   ) sowohl Deutsch als auch Englisch (   ).

그는 독일어와 영어를 모두 유창하게 구사합니다.

05 (   ) die Effizienz, (   ) die Nachhaltigkeit ist gefragt.

효율성뿐만 아니라 지속성도 요구됩니다.

06 Nicht nur (　　　　　　), sondern auch (　　　　　　) ist entscheidend.

양뿐만 아니라 다양성도 중요합니다.

07 Er hat weder Zeit noch Interesse, um (　　　) der Veranstaltung (　　　　　).

그는 시간도 없고 흥미도 없어서 행사에 참석하지 않습니다.

08 Das Buch ist (　　　) spannend (　　　) gut geschrieben.

그 책은 재미도 없고 글도 별로야.

09 (　　　　　) möchte ich Sport treiben, (　　　　　) fehlt mir die Motivation dazu.

한편으로는 더 많은 운동을 하고 싶은 반면 동기 부여가 부족합니다.

10 Einerseits ist das Projekt interessant, andererseits ist es auch (　　　　　).

한편으로는 그 프로젝트가 흥미로운 반면 매우 어렵습니다.

11 (   ) gibt es viele Möglichkeiten zur

Weiterbildung, (   ) fehlt es an Zeit.

한편으로는 교육에 대해 많은 기회가 있지만, 반면에는 시간이 부족합니다.

12 Auf der einen Seite sind Smartphones (   ),

auf der anderen Seite kann ihre Nutzung (   ).

한편으로는 스마트폰이 편리하지만, 반면에는 그 사용이 중독을 일으킬 수 있습니다.

13 (   ) dem neuen Gebäude ist das Alte sehr

baufällig.

새 건물과는 반대로 예전 건물은 노후화되었다.

14 Im Gegensatz (   ) ist er im Alltag

sehr beschäftigt.

그의 가족과 달리 그는 일상에서 매우 바쁘다.

15 Die Bildungsausgaben pro Schüler sind in Deutschland

(   ) Korea höher.

학생당 교육 비용은 한국과 비교했을 때 독일이 더 높습니다.

16 ( ) in Deutschland ist im Vergleich zu Korea geringer.

독일의 인구 밀도는 한국과 비교했을 때 낮습니다.

17 Der Arbeitsansatz ist ( ) traditionellen Methoden flexibel.

업무 방식은 전통적인 방법과 대조적으로 유연합니다.

18 Im Unterschied zu Korea ( ) in Deutschland das Abendessen oft früher ( ).

한국과 달리 독일에서는 저녁 식사를 종종 더 일찍 합니다.

19 ( ) in Deutschland sind die Geschäfte in Südkorea oft ( ) geöffnet.

독일과는 다르게 한국에서는 가게들이 종종 늦은 시간까지 열려 있습니다.

20 Anders als das neue Modell war das alte Gerät ( ).

새로운 모델에 비해 옛날 기기는 부피가 크고 무거웠다.

01 Zwar / aber	11 Auf der einen Seite / auf der anderen Seite
02 sich / beweisen	
03 Sowohl / als auch	12 praktisch / süchtig machen
04 spricht / fließend	13 Im Gegensatz zu
05 Nicht nur / sondern auch	14 zu seiner Familie
06 die Quantität / die Vielfalt	15 im Vergleich zu
07 an / teilzunehmen	16 Die Bevölkerungsdichte
08 weder / noch	17 im Unterschied zu
09 Einerseits / andererseits	18 wird / gegessen
10 sehr anspruchsvoll	19 Anders als / bis spät in die Nacht
	20 sperrig und schwer

MEMO 틀린 문장이 있을 경우 아래에 몇 번씩 반복해서 써보세요.

LEKTION 03

시제에 따른 수동태

TAG 021　Der Computer wird für die Datenverarbeitung benutzt.

TAG 022　Kulturelle Vielfalt wird von vielen Menschen geliebt.

TAG 023　Das Buch wird als Klassiker der Weltliteratur gesehen.

TAG 024　Umweltfreundliche Produkte werden ständig entwickelt.

TAG 025　Die Ergebnisse wurden auf einer internationalen Konferenz veröffentlicht.

TAG 026　Die Auswirkungen der Entscheidung wurden sorgfältig analysiert.

TAG 027　Es ist ein Rückgang der Umweltverschmutzung festgestellt worden.

TAG 028　Eine hohe Effizienz ist durch die neue Methode erreicht worden.

TAG 029　Die Arbeitsabläufe sind effizient organisiert worden.

TAG 030　Das Buch war von allen gelesen worden.

TAG 021 ___월 ___일

> ## Der Computer wird
> ## für die Datenverarbeitung benutzt.
> 이 컴퓨터는 데이터 처리에 사용됩니다.

① werden + 과거분사 = ~되어지다 → 수동태 기본형
   benutzen = 사용하다 (과거분사: benutzt)
   wird … benutzt = 사용되다
② f. Datenverarbeitung = 데이터 처리
   → [f. Daten = 데이터] + [f. Verarbeitung = 처리, 작업]
   결합명사는 뒤에 오는 명사의 성을 따릅니다.

| MP3 듣고 따라 말하며 세 번씩 써보기 | mp3 041 |

①
②
③

| 응용해서 써본 후 MP3 듣고 따라 말하기 | mp3 042 |

① 이 방법은 연구에서 사용됩니다. [연구 = f. Forschung]
   →

② 이 도구는 장인들에 의해 사용됩니다. [도구 = n. Werkzeug, 장인 = m. Handwerker]
   →

> ① Diese Methode wird in der Forschung benutzt.
> ② Das Werkzeug wird von Handwerkern benutzt.

TAG 022 ___월 ___일

> # Kulturelle Vielfalt wird von vielen Menschen geliebt.
> 문화적 다양성은 많은 사람들에게 사랑받습니다.

① lieben = 사랑하다 → wird von jm … geliebt = ~로부터 사랑받다
　수동태 문장에서는 von 전치사(3격 지배)를 통해 수식할 수 있습니다.
　von vielen Menschen = 많은 사람들로부터
　→ 복수명사 Menschen에 대해 복수 + 3격 강변화 형용사 어미가 붙었습니다.

② kulturelle Vielfalt = 문화적 다양성
　→ 여성명사 Vielfalt에 대해 강변화 형용사 어미 변화되었습니다.

MP3 듣고 따라 말하며 세 번씩 써보기　　　　🎧 mp3 043

①

②

③

응용해서 써본 후 MP3 듣고 따라 말하기　　　　🎧 mp3 044

① 꽃들은 많은 사람들에게 사랑받아요. [꽃 = f. Blume]

→

② 아이들은 부모님에게 사랑받습니다. [부모님 = pl. Eltern]

→

> ① Blumen werden von vielen Menschen geliebt.
> ② Kinder werden von ihren Eltern geliebt.

TAG 023 ＿＿＿월＿＿＿일

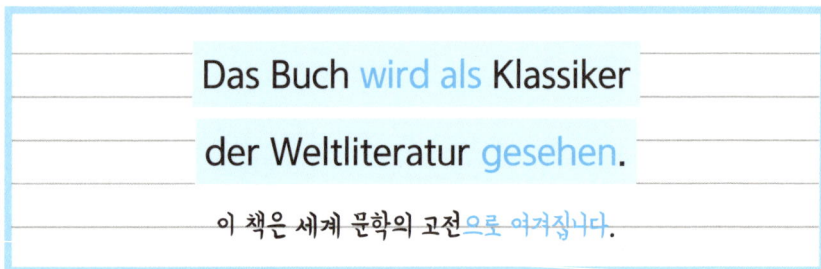

Das Buch wird als Klassiker der Weltliteratur gesehen.

이 책은 세계 문학의 고전으로 여겨집니다.

① sehen = 보다 → wird als N(명사 1격) ⋯ gesehen = 여겨지다
   → '~로서 보여지다', '~로서 여겨지다'로 해석됩니다.
② Klassiker der Weltliteratur = 세계 문학의 고전
   → f. Weltliteratur가 여성 2격으로 Klassiker을 수식하고 있습니다.
③ 동의어: wird als N(명사 1격) ⋯ betrachtet = 여겨지다, 간주되다

| MP3 듣고 따라 말하며 세 번씩 써보기 | 🎧 mp3 045 |

①

②

③

| 응용해서 써본 후 MP3 듣고 따라 말하기 | 🎧 mp3 046 |

① 이 도시는 문화 중심지로 인식됩니다. [중심지 = n. Zentrum]

→

② 그는 자신의 전문 분야에서 전문가로 여겨집니다. [전문 분야 = n. Fachgebiet]

→

① Diese Stadt wird als kulturelles Zentrum gesehen.
② Er wird als Experte in seinem Fachgebiet gesehen.

TAG 024 ___월 ___일

> ## Umweltfreundliche Produkte werden ständig entwickelt.
>
> 친환경 제품들이 지속적으로 개발되고 있습니다.

① entwickeln = 개발시키다, 발전시키다
　werden ··· entwickelt = 개발되다, 발전되다
② umweltfreundlich = 친환경적인
　umweltfreundliche Produkte = 친환경 제품들
　→ 복수명사에 대한 강변화 형용사 어미입니다.
③ ständig = 지속적인

MP3 듣고 따라 말하며 세 번씩 써보기　　　🎧 mp3 047

①

②

③

응용해서 써본 후 MP3 듣고 따라 말하기　　　🎧 mp3 048

① 새로운 비즈니스 아이디어들이 전 세계적으로 개발되고 있습니다. [전 세계적인 = weltweit]

　→

② 새로운 기술들이 지속적으로 개발되고 있습니다. [기술 = f. Technologie]

　→

> ① Neue Geschäftsideen werden weltweit entwickelt.
> ② Neue Technologien werden ständig entwickelt.

TAG 025 ___월 ___일

> Die Ergebnisse wurden auf einer internationalen Konferenz veröffentlicht.
>
> 그 결과가 국제 학회에서 발표되었습니다.

① 수동태의 과거형 시제는 werden의 과거 형태인 [wurden + 과거분사]로 사용됩니다.
  wurden ⋯ veröffentlicht = 발표되었다, 출시되었다, 공개되었다
② f. Konferenz = 학회 → internationale Konferenz = 국제 학회
  → 'auf + 3격 = ~에서' 형용사 혼합 변화에 대한 어미 변화입니다.
  z.B. auf der offiziellen Webseite = 공식 웹사이트에서
  n. Ergebnis = 결과 / pl. Ergebnisse

MP3 듣고 따라 말하며 세 번씩 써보기 🎧 mp3 049

①

②

③

응용해서 써본 후 MP3 듣고 따라 말하기 🎧 mp3 050

① 그 보고서가 정부의 공식 웹사이트에 공개되었습니다. [보고서 = m. Bericht, 정부 = f. Regierung]
  →

② 그 기사가 대학 웹사이트에 공개되었습니다. [기사 = m. Artikel]
  →

---

① Der Bericht wurde auf der offiziellen Webseite der Regierung veröffentlicht.
② Der Artikel wurde auf der Webseite der Universität veröffentlicht.

TAG 026 ___월 ___일

> ## Die Auswirkungen der Entscheidung wurden sorgfältig analysiert.
> 결정의 영향이 주의 깊게 분석되었습니다.

① analysieren = 분석하다 → wurde ··· analysiert = 분석되다

② f. Auswirkung = 영향 / f. Entscheidung = 결정

　Die Auswirkungen der Entscheidung = 결정의 영향

　→ 여성명사인 Entscheidung이 2격 수식되어 '~의'로 해석됩니다.

③ sorgfältig = 주의 깊게 / ausführlich = 자세하게

MP3 듣고 따라 말하며 세 번씩 써보기　　　　　　🎧 mp3 051

①

②

③

응용해서 써본 후 MP3 듣고 따라 말하기　　　　　🎧 mp3 052

① 그 현상이 전문가들에 의해 자세하게 분석되었습니다. [현상 = n. Phänomen]

→

② 시장의 행동이 철저하게 분석되었습니다. [행동 = n. Verhalten, 철저한 = gründlich]

→

> ① Das Phänomen wurde von Experten ausführlich analysiert.
>
> ② Das Verhalten des Marktes wurde gründlich analysiert.

TAG 027 ___월 ___일

> ## Es ist ein Rückgang der Umweltverschmutzung festgestellt worden.
> 환경 오염의 감소가 확인되었습니다.

① 수동태의 현재완료형은 [ist … p.p(과거분사) worden] 형태로 진행됩니다.
　feststellen = 규명하다, 확인하다
　ist … festgestellt worden = 확인되었다
② m. Rückgang = 감소 / f. Umweltverschmutzung = 환경 오염
　→ 여성 2격 정관사를 활용한 2격 수식입니다.

MP3 듣고 따라 말하며 세 번씩 써보기	🎧 mp3 053

①
②
③

응용해서 써본 후 MP3 듣고 따라 말하기	🎧 mp3 054

① 생산성 향상이 확인되었습니다. [생산성 = f. Produktivität, 향상 = f. Verbesserung]
→

② 고객 만족도가 높은 것으로 확인되었습니다. [고객 만족도 = f. Kundenzufriedenheit]
→

> ① Es ist eine Verbesserung der Produktivität festgestellt worden.
> ② Es ist eine hohe Kundenzufriedenheit festgestellt worden.

TAG 028 ___월 ___일

> # Eine hohe Effizienz ist durch die neue Methode erreicht worden.
>
> 새로운 방법으로 높은 효율성이 달성되었습니다.

① erreichen = 달성하다, 도달하다

　　ist ··· erreicht worden = wurde ··· erreicht = 달성되었다

② f. Effizienz = 효율성 → eine hohe Effizienz = 높은 효율성

　→ 부정관사와 함께 사용되어 혼합 변화되었고,

　　hoch 형용사가 어미 변화되는 경우에 'c'는 탈락됩니다.

| MP3 듣고 따라 말하며 세 번씩 써보기 | 🎧 mp3 055 |

①

②

③

| 응용해서 써본 후 MP3 듣고 따라 말하기 | 🎧 mp3 056 |

① 프로젝트에서 중요한 이정표가 달성되었습니다. [중요한 = wichtig, 이정표 = m. Meilenstein]

　→

② 설정된 목표가 성공적으로 달성되었습니다. [설정된 목표 = die gesteckten Ziele]

　→

> ① Ein wichtiger Meilenstein ist im Projekt erreicht worden.
>
> ② Die gesteckten Ziele sind erfolgreich erreicht worden.

TAG 029 ___월 ___일

> **Die Arbeitsabläufe sind effizient organisiert worden.**
>
> 작업 절차가 효율적으로 구성되었습니다.

① organisieren = 구성하다
　ist ⋯ organisiert worden = wurde ⋯ organisiert = 구성되었다
② m. Arbeitsablauf = 작업 과정, 작업 절차 (pl. Abläufe)
③ effizient = 효율적인 / professionell = 전문적인

MP3 듣고 따라 말하며 세 번씩 써보기	mp3 057

①

②

③

응용해서 써본 후 MP3 듣고 따라 말하기	mp3 058

① 이벤트가 전문적으로 구성되었습니다.
→

② 파일이 체계적으로 구성되었습니다. [컴퓨터 파일 = f. Datei, 체계적인 = systematisch]
→

---

① Das Event ist professionell organisiert worden.
② Die Dateien sind systematisch organisiert worden.

TAG 030 ___월 ___일

Das Buch war von allen gelesen worden.

모든 사람이 그 책을 읽었습니다.

① 수동태가 과거완료로 사용되는 경우,
   sein 동사 과거형으로 [war ··· p.p(과거분사) worden] 형태가 됩니다.
② war ··· gelesen worden = 읽히다
   Das Buch war von allen gelesen worden.
   = (직역) 그 책은 모든 사람들로부터 읽혔습니다.
③ von allen (Menschen) = 모든 사람들로부터

MP3 듣고 따라 말하며 세 번씩 써보기　　　　　　　　　🎧 mp3 059

①

②

③

응용해서 써본 후 MP3 듣고 따라 말하기　　　　　　　　🎧 mp3 060

① 그 영향이 구체적으로 분석되었다. [영향 = f. Auswirkung, 분석하다 = analysieren]

　→

② 새로운 소프트웨어가 출시되었다. [출시하다/널리 알리다 = veröffentlichen]

　→

| ① Die Auswirkungen war im Detail analysiert worden. |
| ② Die neue Software war veröffentlicht worden. |

QUIZ

정답 p.076

01 Der Computer wird für (　　　　　　　　　　) benutzt.

이 컴퓨터는 데이터 처리에 사용됩니다.

02 Diese Methode wird (　　　　　　　　).

이 방법은 연구에서 사용됩니다.

03 (　　　　　　) wird von vielen Menschen geliebt.

문화적 다양성은 많은 사람들에게 사랑받습니다.

04 Kinder werden (　　　　　　) geliebt.

아이들은 부모님에게 사랑받습니다.

05 Das Buch wird (　　　) Klassiker der Weltliteratur (　　　　　).

이 책은 세계 문학의 고전으로 여겨집니다.

06 Er wird als Experte (　　　　　　　　) gesehen.

그는 자신의 전문 분야에서 전문가로 여겨집니다.

07 ( ) werden ständig entwickelt.

친환경 제품들이 지속적으로 개발되고 있습니다.

08 Neue Technologien werden ( ).

새로운 기술들이 지속적으로 개발되고 있습니다.

09 Die Ergebnisse wurden ( )

veröffentlicht.

그 결과가 국제 학회에서 발표되었습니다.

10 Der Bericht ( ) auf der offiziellen Webseite der Regierung

( ).

그 보고서가 정부의 공식 웹사이트에 공개되었습니다.

11 Die Auswirkungen der Entscheidung wurden

( ).

결정의 영향이 주의 깊게 분석되었습니다.

12 Das Phänomen wurde von Experten (   ).

그 현상이 전문가들에 의해 자세하게 분석되었습니다.

13 Es ist (   ) festgestellt worden.

생산성 향상이 확인되었습니다.

14 Es ist eine hohe (   ) festgestellt worden.

고객 만족도가 높은 것으로 확인되었습니다.

15 Eine hohe Effizienz ist (   ) erreicht worden.

새로운 방법으로 높은 효율성이 달성되었습니다.

16 Ein wichtiger Meilenstein (   ) im Projekt (   ).

프로젝트에서 중요한 이정표가 달성되었습니다.

17 Die Arbeitsabläufe (   ) effizient (   ).

작업 절차가 효율적으로 구성되었습니다.

18 Das Event ist (   ) organisiert worden.

이벤트가 전문적으로 구성되었습니다.

19 Das Buch war von allen (   ).

모든 사람이 그 책을 읽었습니다.

20 Die neue Software war (   ).

새로운 소프트웨어가 출시되었다.

01	die Datenverarbeitung	11	sorgfältig analysiert
02	in der Forschung benutzt	12	ausführlich analysiert
03	Kulturelle Vielfalt	13	eine Verbesserung der Produktivität
04	von ihren Eltern		
05	als / gesehen	14	Kundenzufriedenheit
06	in seinem Fachgebiet	15	durch die neue Methode
07	Umweltfreundliche Produkte	16	ist / erreicht worden
08	ständig entwickelt	17	sind / organisiert worden
09	auf einer internationalen Konferenz	18	professionell
		19	gelesen worden
10	wurde / veröffentlicht	20	veröffentlicht worden

MEMO 틀린 문장이 있을 경우 아래에 몇 번씩 반복해서 써보세요.

LEKTION 04

분사 구문 사용하기

TAG 031　Die singenden Stimmen erfüllen den Raum.

TAG 032　Die kochende Familie genießt das gemeinsame Kochen.

TAG 033　Die arbeitenden Kollegen unterstützen sich gegenseitig.

TAG 034　Die sprechenden Schüler verbessern ihre Sprachkenntnisse.

TAG 035　In diesem Film spielen die Schauspieler eine entscheidende Rolle.

TAG 036　Das geöffnete Geschäft lockt viele Kunden an.

TAG 037　Die vorbereiteten Schüler haben die Prüfung bestanden.

TAG 038　Die betroffenen Gebiete wurden gesperrt.

TAG 039　Das reparierte Auto wurde an den Besitzer zurückgegeben.

TAG 040　Das geschlossene Café wird renoviert.

TAG 031 ___월 ___일

> ## Die singenden Stimmen erfüllen den Raum.
>
> 노래하는 목소리가 공간을 가득 채워요.

① singend = 노래하는, 노래하고 있는
   현재분사 = 동사원형 + d + 형용사 어미 변화
   → 독일어의 현재분사는 동사의 현재형에서 파생된 형태로, 주로 동작이나 상태의 진행을 나타냅니다.
② erfüllen = 채우다
   m. Raum = 공간, 방

| MP3 듣고 따라 말하며 세 번씩 써보기 | 🎧 mp3 061 |

①
②
③

| 응용해서 써본 후 MP3 듣고 따라 말하기 | 🎧 mp3 062 |

① 노래하는 학생들이 무대로 올라온다. [무대 = f. Bühne, 가다/걿다 = treten]
   →

② 노래하는 새들이 아침을 맞이한다. [새들 = pl. Vögel, 맞이하다 = begrüßen]
   →

---

① Die singenden Studenten treten auf der Bühne auf.
② Die singenden Vögel begrüßen den Tag.

TAG 032 ＿＿월＿＿일

> Die kochende Familie genießt das gemeinsame Kochen.
>
> 요리하는 가족은 함께 요리하는 것을 즐깁니다.

① kochend = 요리하는, 요리하고 있는

　die kochende Familie = 요리하는 가족

　→ die Familie에 여성 1격 약변화 어미 변화되어 형용사 어미 '-e'가 붙었습니다.

② n. Kochen = 요리하는 것, 요리하기

　동사가 명사로 파생되는 경우에는 항상 중성명사가 됩니다.

MP3 듣고 따라 말하며 세 번씩 써보기　　　mp3 063

①

②

③

응용해서 써본 후 MP3 듣고 따라 말하기　　　mp3 064

① 요리하는 여자가 저녁을 차립니다. [차리다/조리하다 = zubereiten]

→

② 요리하는 학생이 새로운 요리법을 배웁니다. [요리법 = pl. Rezepte]

→

---

① Die kochende Frau bereitet das Abendessen zu.

② Die kochende Schülerin lernt neue Rezepte kennen.

TAG 033 ___월 ___일

> ## Die arbeitenden Kollegen unterstützen sich gegenseitig.
> 일하는 동료들이 서로를 지원합니다.

① arbeitend = 일하는
  복수명사 Kollegen에 약변화 수식되었기 때문에 어미 '-en'이 붙었습니다.
② sich unterstützen = 지원하다, 지지하다
  → 재귀동사이기 때문에 3인칭 복수의 재귀대명사 sich가 사용됩니다.
③ gegenseitig = 서로의, 상호간의

| MP3 듣고 따라 말하며 세 번씩 써보기 | 🎧 mp3 065 |

①
②
③

| 응용해서 써본 후 MP3 듣고 따라 말하기 | 🎧 mp3 066 |

① 일하는 부모님이 자녀를 돌봅니다. [돌보다 = sich kümmern um jn.]
  →

② 일하는 전문가들이 새로운 프로젝트를 개발합니다. [전문가들 = pl. Fachleute]
  →

---
① Die arbeitenden Eltern kümmern sich um ihre Kinder.
② Die arbeitenden Fachleute entwickeln neue Projekte.

TAG 034 ___월 ___일

> ## Die sprechenden Schüler verbessern ihre Sprachkenntnisse.
> 말하는 학생들이 언어 실력을 향상시킵니다.

① die sprechenden Schüler = 말하는 학생들
  → m. Schüler는 단복수 형태가 동일한 명사이며 현재 문장에서는 복수형으로 사용되었습니다.
  또 정관사와 함께 쓰여 약변화 적용되어 형용사 어미 '-en'이 붙었습니다.

② verbessern = 향상시키다

③ n. Sprachkenntnis = 언어 실력 / pl. Sprachkenntnisse (주로 복수형으로 사용)

MP3 듣고 따라 말하며 세 번씩 써보기   🎧 mp3 067

①

②

③

응용해서 써본 후 MP3 듣고 따라 말하기   🎧 mp3 068

① 말하는 정치인들이 의회에서 논쟁합니다. [의회 = n. Parlament, 논쟁하다 = debattieren]
  →

② 말씀하시는 선생님이 문법을 설명합니다. [문법 = f. Grammatik, 설명하다 = erklären]
  →

> ① Die sprechenden Politiker debattieren im Parlament.
> ② Ein sprechender Lehrer erklärt die Grammatik.

TAG 035 ___월 ___일

> ## In diesem Film spielen die Schauspieler eine entscheidende Rolle.
>
> 이 영화에서 배우들은 중요한 역할을 맡고 있습니다.

① entscheiden = 결정하다

   eine entscheidende Rolle spielen = 중요한(결정적인) 역할을 맡다

② m. Schauspieler = 배우 / pl. Schauspieler

   → 단수와 복수가 동일한 형태이므로, 관사로 구분할 수 있습니다.

③ m. Film = 영화

   in diesem Film = 이 영화에서

MP3 듣고 따라 말하며 세 번씩 써보기	🎧 mp3 069

①

②

③

응용해서 써본 후 MP3 듣고 따라 말하기	🎧 mp3 070

① 중요한 질문은 답이 없는 채로 남아있다. [남다 = bleiben]

   →

② 그것은 그의 인생에서 결정적인 순간이었다. [인생 = n. Leben]

   →

> ① Die entscheidende Frage bleibt unbeantwortet.
>
> ② Das war der entscheidende Moment in seinem Leben.

TAG 036 ___월 ___일

> ## Das geöffnete Geschäft lockt viele Kunden an.
>
> 열린 가게가 많은 고객을 유치합니다.

① 과거분사는 평소 현재완료형에서 사용되는 p.p 형태입니다.
   명사를 수식하는 경우에는 형용사 어미 변화되고 상태, 결과를 나타냅니다.
② geöffnet = 열린 (열려 있는 상태)
   das geöffnete Geschäft = 열린 가게
③ anlocken jn. = ~를 유혹하다 (분리동사)

| MP3 듣고 따라 말하며 세 번씩 써보기 | 🎧 mp3 071 |

①

②

③

| 응용해서 써본 후 MP3 듣고 따라 말하기 | 🎧 mp3 072 |

① 열린 파일은 편집될 수 있습니다. [편집하다/가공하다 = bearbeiten]
→

② 열린 병이 탁상에 놓여 있습니다. [병 = f. Flasche, 책상/식탁 = m. Tisch, (위치해) 있다 = stehen]
→

① Die geöffnete Datei kann bearbeitet werden.
② Die geöffnete Flasche steht auf dem Tisch.

TAG 037 ___월 ___일

> **Die vorbereiteten Schüler haben die Prüfung bestanden.**
>
> 준비된 학생들이 시험을 통과했습니다.

① vorbereitet = 준비된 (준비되어 있는)
  → 'sich vorbereiten - 준비하다'의 과거분사 형태.
    현재 복수명사에 대한 약변화 수식되어 있습니다.
② die Prüfung bestehen = 시험에 합격하다
    hat … bestanden = 합격했다 (현재완료형)

MP3 듣고 따라 말하며 세 번씩 써보기   🎧 mp3 073

①
②
③

응용해서 써본 후 MP3 듣고 따라 말하기   🎧 mp3 074

① 준비된 질문들이 제기되었다. [제기하다/제출하다 = stellen]

  →

② 준비된 문서들이 제출되었습니다. [제출되다 = eingereicht werden]

  →

---

① Die vorbereiteten Fragen wurden gestellt.
② Die vorbereiteten Dokumente wurden eingereicht.

TAG 038 ___월 ___일

Die betroffenen Gebiete wurden gesperrt.

영향을 받은 지역들이 폐쇄되었습니다.

① betroffen = 영향을 받은, 관련된
  → betreffen 동사의 과거분사 형태.
    주로 어떤 대상이 해당되는 영향을 받았을 때 사용됩니다.

② sperren = 차단하다, 폐쇄하다
  wird ⋯ gesperrt = 차단되다, 폐쇄되다
  → [wurde + p.p] 로 사용되면 과거시제로, '~되었다'로 해석합니다.

MP3 듣고 따라 말하며 세 번씩 써보기 🎧 mp3 075

①

②

③

응용해서 써본 후 MP3 듣고 따라 말하기 🎧 mp3 076

① 영향을 받은 가족들이 지원을 받습니다. [지원 = f. Unterstützung, 받다 = erhalten]

  →

② 영향을 받은 기업들이 폐쇄되었습니다. [기업 = n. Unternehmen, 폐쇄하다 = schließen]

  →

---

① Die betroffenen Familien erhalten Unterstützung.

② Die betroffenen Unternehmen wurden geschlossen.

TAG 039 ___월 ___일

> ## Das reparierte Auto wurde an den Besitzer zurückgegeben.
>
> ~~수리된~~ 자동차가 소유자에게 돌려주어졌습니다.

① das reparierte Auto = 수리된 자동차
   → 'reparieren - 수리하다' 동사의 과거분사 형태.
   중성명사에 대한 형용사 약변화 어미 '-e'가 적용되었습니다.
② zurückgeben = 되돌려주다
   wurde … zurückgegeben = 되돌려줌 되었다 (= 되돌아갔다)
③ an + jn. (4격) = ~에게 / m. Besitzer = 소유자, 주인

MP3 듣고 따라 말하며 세 번씩 써보기 🎧 mp3 077

①

②

③

응용해서 써본 후 MP3 듣고 따라 말하기 🎧 mp3 078

① 수리된 시계가 다시 정확하게 작동합니다. [정확히 = genau, (기계가) 돌아가다 = laufen]

→

② 수리된 컴퓨터가 다시 원활하게 작동합니다. [원활히 = einwandfrei, 작동하다 = funktionieren]

→

---

① Die reparierte Uhr läuft wieder genau.
② Der reparierte Computer funktioniert wieder einwandfrei.

TAG 040 ___월___일

> ## Das geschlossene Café wird renoviert.
>
> 폐쇄된 카페가 리모델링 되고 있는 중입니다.

① das geschlossene Café = 폐쇄된 카페, 영업을 안 하는 카페
  → 'schließen - 닫다' 동사의 과거분사 형태.
    중성명사에 대한 형용사 약변화 어미 '-e'가 적용되었습니다.
② renovieren = 보수하다, 수리하다
  wird … renoviert = 보수되다, 리모델링 되다

| MP3 듣고 따라 말하며 세 번씩 써보기 | 🎧 mp3 079 |

①
②
③

| 응용해서 써본 후 MP3 듣고 따라 말하기 | 🎧 mp3 080 |

① 체결된 계약이 서명되었습니다. [계약 = m. Vertrag, 서명하다 = unterschreiben]

→

② 폐쇄된 공간은 어두워요. [공간 = m. Raum, 어두운 = dunkel]

→

① Der geschlossene Vertrag wurde unterschrieben.
② Der geschlossene Raum war dunkel.

QUIZ

정답 p.092

01 (   ) erfüllen den Raum.

노래하는 목소리가 공간을 가득 채워요.

02 Die singenden Studenten (   ) auf der Bühne (   ).

노래하는 학생들이 무대로 올라온다.

03 (   ) genießt das gemeinsame Kochen.

요리하는 가족은 함께 요리하는 것을 즐깁니다.

04 Die kochende Schülerin (   ) neue Rezepte (   ).

요리하는 학생이 새로운 요리법을 배웁니다.

05 Die arbeitenden Kollegen (   ) sich (   ).

일하는 동료들이 서로를 지원합니다.

06 Die arbeitenden Eltern (   ) um ihre Kinder.

일하는 부모님이 자녀를 돌봅니다.

07 Die sprechenden Schüler verbessern ihre (   ).

말하는 학생들이 언어 실력을 향상시킵니다.

08 (   ) debattieren im Parlament.

말하는 정치인들이 의회에서 논쟁합니다.

09 In diesem Film spielen die Schauspieler eine (   ) Rolle.

이 영화에서 배우들은 중요한 역할을 맡고 있습니다.

10 (   ) bleibt unbeantwortet.

중요한 질문은 답이 없는 채로 남아있다.

11 Das geöffnete Geschäft (   ) viele Kunden (   ).

열린 가게가 많은 고객을 유치합니다.

12 (   ) kann bearbeitet werden.

열린 파일은 편집될 수 있습니다.

89

13 (   ) Schüler haben die Prüfung bestanden.

준비된 학생들이 시험을 통과했습니다.

14 Die vorbereiteten Dokumente (   ).

준비된 문서들이 제출되었습니다.

15 Die betroffenen Gebiete (   ).

영향을 받은 지역들이 폐쇄되었습니다.

16 Die betroffenen Familien (   ).

영향을 받은 가족들이 지원을 받습니다.

17 Das reparierte Auto (   ) an den Besitzer (   ).

수리된 자동차가 소유자에게 돌려주어졌습니다.

18 (   ) funktioniert wieder einwandfrei.

수리된 컴퓨터가 다시 원활하게 작동합니다.

19 Das geschlossene Café wird (   ).

폐쇄된 카페가 리모델링 되고 있는 중입니다.

20 (   ) wurde unterschrieben.

체결된 계약이 서명되었습니다.

01	Die singenden Stimmen	11	lockt / an
02	treten / auf	12	Die geöffnete Datei
03	Die kochende Familie	13	Die vorbereiteten
04	lernt / kennen	14	wurden eingereicht
05	unterstützen /gegenseitig	15	wurden gesperrt
06	kümmern sich	16	erhalten Unterstützung
07	Sprachkenntnisse	17	wurde / zurückgegeben
08	Die sprechenden Politiker	18	Der reparierte Computer
09	entscheidende	19	renoviert
10	Die entscheidende Frage	20	Der geschlossene Vertrag

MEMO 틀린 문장이 있을 경우 아래에 몇 번씩 반복해서 써보세요.

LEKTION 05

2격 전치사 활용하기

TAG 041	Laut einer Studie trinken viele Menschen zu wenig Wasser.
TAG 042	Mithilfe moderner Medizin können viele Krankheiten geheilt werden.
TAG 043	Angesichts der aktuellen Lage ist es ratsam, Vorsichtsmaßnahmen zu treffen.
TAG 044	Anhand dieser Grafik lässt sich der Trend deutlich erkennen.
TAG 045	Unweit des Bahnhofs befindet sich ein kleiner Park.
TAG 046	Infolge eines Unfalls kam es zu Verzögerungen im Zugverkehr.
TAG 047	Anstatt ins Kino zu gehen, bleibe ich lieber zu Hause und lese.
TAG 048	Hinsichtlich der Maßnahmen müssen wir einige Verbesserungen vornehmen.
TAG 049	Wegen ihrer Recherche konnte das Problem schnell gelöst werden.
TAG 050	Aufgrund der aktuellen Situation müssen wir die Veranstaltung verschieben.

TAG 041 ___월 ___일

> ## Laut einer Studie
> ## trinken viele Menschen zu wenig Wasser.
>
> 연구에 따르면 많은 사람들이 충분히 물을 마시지 않는다고 합니다.

① 2격 지배 전치사가 사용되면 명사와 동반하는 관사를 2격 형태로 맞춰 주어야 하며, 소유격이 아닌 해당 전치사의 의미에 따라 해석합니다.

② laut = ~에 따르면
   laut einer Studie = 연구에 따르면

③ Wasser trinken = 물을 마시다

MP3 듣고 따라 말하며 세 번씩 써보기 🎧 mp3 081

①

②

③

응용해서 써본 후 MP3 듣고 따라 말하기 🎧 mp3 082

① 일기 예보에 따르면 내일 비가 올 것입니다. [일기 예보 = m. Wetterbericht, 비가 오다 = regnen]

→

② 부모님 말씀에 따르면 오늘은 일찍 자야 한다고 해요. [일찍 = früh, 잠자리/침대 = n. Bett]

→

> ① Laut Wetterbericht wird es morgen regnen.
>
> ② Laut meiner Eltern soll ich heute früh ins Bett gehen.

TAG 042 ___월 ___일

> ## Mithilfe moderner Medizin können viele Krankheiten geheilt werden.
> 현대 의학을 이용하면 많은 질병이 치료될 수 있습니다.

① mithilfe = ~의 도움으로, ~을 이용하여
  mithilfe moderner Medizin = 현대 의학의 도움으로
  → f. Medizin에 modern 형용사가 2격 강변화 어미 변화되어 '-er'이 붙었습니다.
② heilen = 치료하다, 회복하다 / geheilt werden = 치료되다
  수동태 표현이 화법조동사와 함께 사용되어 [können … p.p + werden] 형태입니다.
③ f. Krankheit = 질병

MP3 듣고 따라 말하며 세 번씩 써보기 🎧 mp3 083

①
②
③

응용해서 써본 후 MP3 듣고 따라 말하기 🎧 mp3 084

① 나는 내 친구의 도움으로 그 문제를 해결했다. [친구 = m. Freund, 해결하다 = lösen]
  →

② 그 회사는 새로운 기술을 활용하여 급속히 성장했다. [회사 = f. Firma, 성장하다 = wachsen]
  →

> ① Ich habe das Problem mithilfe meines Freundes gelöst.
> ② Die Firma wuchs schnell mithilfe neuer Technologien.

TAG 043 ___월 ___일

Angesichts der aktuellen Lage ist es ratsam, Vorsichtsmaßnahmen zu treffen.

현재 상황을 고려할 때, 예방 조치를 취하는 것이 좋을 것 같아요.

① angesichts = ~을 고려하여

 angesichts der aktuellen Lage = 현재의 상황을 고려하면

 → f. Lage 명사가 정관사와 함께 2격 처리되어, 약변화 형용사 어미 변화된 aktuellen과 함께 사용되었습니다.

② f. Vorsichtsmaßnahme = 예방 조치

 eine Maßnahme treffen = 조치를 취하다

MP3 듣고 따라 말하며 세 번씩 써보기   mp3 085

①

②

③

응용해서 써본 후 MP3 듣고 따라 말하기   mp3 086

① 그의 나이를 고려할 때, 그는 놀랍도록 건강합니다. [놀라운 = erstaunlich, 건강한 = fit]

 →

② 그의 실력을 고려하면 그의 성과는 인상적이다. [성과 = f. Leistung, 인상적 = beeindruckend]

 →

① Angesichts seines Alters ist er erstaunlich fit.

② Angesichts seiner Erfahrung war seine Leistung beeindruckend.

TAG 044 ___월 ___일

> ## Anhand dieser Grafik lässt sich der Trend deutlich erkennen.
> 이 그래프를 통해 트렌드가 명확하게 파악될 수 있습니다.

① anhand = ~을 통해, ~에 의하여, ~을 근거로
   anhand dieser Grafik = 이 그래프를 근거로
② sich lassen + 동사원형 = ~될 수 있다 (수동의 가능성)
   sich erkennen lassen = 파악될 수 있다
   → 동작의 주체가 명확히 명시되지 않고 일이 이루어지는 상황을 수동적으로 나타내는 표현입니다.

| MP3 듣고 따라 말하며 세 번씩 써보기 | 🎧 mp3 087 |

①

②

③

| 응용해서 써본 후 MP3 듣고 따라 말하기 | 🎧 mp3 088 |

① 그의 반응을 통해 그가 거짓말을 했다는 것을 알아차릴 수 있었습니다. [거짓말하다 = lügen]
→

② 그의 필체를 통해 범인을 식별할 수 있었습니다. [필체/필적 = f. Handschrift, 범인 = m. Täter]
→

> ① Anhand seiner Reaktionen konnte sie erkennen, dass er gelogen hatte.
> ② Anhand seiner Handschrift konnte der Täter identifiziert werden.

TAG 045 ___월 ___일

> ## Unweit des Bahnhofs befindet sich ein kleiner Park.
> 기차역 근처에 작은 공원이 있어요.

① unweit = 근처에, 가까이에, 멀지 않은 곳에
   unweit des Bahnhofs = 기차역 근처에 (남성 2격)
② sich befinden = 존재하다, 있다
   → 비슷한 표현으로는 'es gibt + 4격'이 있습니다.
③ m. Park = 공원 / ein kleiner Park = 작은 공원
   → 위 문장에서는 ein kleiner Park가 주어이고, 도치된 상태입니다.

| MP3 듣고 따라 말하며 세 번씩 써보기 | 🎧 mp3 089 |

①
②
③

| 응용해서 써본 후 MP3 듣고 따라 말하기 | 🎧 mp3 090 |

① 호텔 근처에는 많은 레스토랑과 상점이 있어요.
   →

② 해변 근처에는 아름다운 산책로가 있어요. [해변 = m. Strand, 산책로 = m. Wanderweg]
   →

---

① Unweit des Hotels gibt es viele Restaurants und Geschäfte.
② Unweit des Strandes kann man einen schönen Wanderweg finden.

TAG 046 ＿＿＿월＿＿＿일

> ## Infolge eines Unfalls kam es zu Verzögerungen im Zugverkehr.
> 사고로 인해 기차 운행이 지연되었습니다.

① infolge = ~때문에, ~의 결과로서
  infolge eines Unfalls = 사고로 인해 (남성 2격)
② kommen zu + 3격 = 어떤 결과가 되다
  → 무언가가 발생하거나 어떤 결론에 이르게 되는 상황을 설명할 때 사용됩니다.
③ f. Verzögerung = 지연, 지체 / f. Verspätung = 지각, 지연

MP3 듣고 따라 말하며 세 번씩 써보기 　　mp3 091

①
②
③

응용해서 써본 후 MP3 듣고 따라 말하기 　　mp3 092

① 그녀는 우수한 성과 덕분에 승진했습니다. [성과 = f. Leistung, 승진 = f. Beförderung]
  →

② 강한 비로 인해 도로가 침수되었습니다. [도로 = f. Straße, 범람하다 = überfluten]
  →

> ① Infolge ihrer guten Leistungen erhielt sie eine Beförderung.
> ② Infolge des starken Regens wurde die Straße überflutet.

TAG 047 ___월 ___일

> **Anstatt** ins Kino zu gehen,
> **bleibe ich lieber zu Hause und lese.**
>
> 영화를 보러 가는 대신 집에서 책을 읽는 것을 더 좋아해요.

① anstatt = ~대신 / anstatt + zu 부정사 = ~하는 것 대신에
  → 2격 명사와 함께 사용될 수도 있고,
    zu 부정사 구문과 함께 사용하여 동작을 나타낼 수도 있는 표현입니다.
② zu Hause bleiben = 집에 머무르다
③ lieber = 오히려, 차라리
  → 더 나은 선택지를 택할 때 사용되며 gern의 비교급 형태입니다.

| MP3 듣고 따라 말하며 세 번씩 써보기 | 🎧 mp3 093 |

①

②

③

| 응용해서 써본 후 MP3 듣고 따라 말하기 | 🎧 mp3 094 |

① 차를 타는 대신 자전거를 타는 편이 더 좋아요. [자전거 = n. Fahrrad]

  →

② 사탕을 먹는 대신 과일을 더 좋아해요. [사탕/단것 = pl. Süßigkeiten, 과일 = n. Obst]

  →

---

① Anstatt mit dem Auto zu fahren, nehme ich lieber das Fahrrad.
② Anstatt Süßigkeiten zu essen, esse ich lieber Obst.

TAG 048 ___월 ___일

> ## Hinsichtlich der Maßnahmen müssen wir einige Verbesserungen vornehmen.
>
> 그 조치에 관해서 몇 가지 개선이 필요합니다.

① Hinsichtlich = ~와 관련하여, ~에 관해서
  hinsichtlich der Maßnahmen = 그 조치에 관해서
② vornehmen = ~을 처리하다, 시행하다
  f. Verbesserung = 개선
  Verbesserungen vornehmen = 개선하다

| MP3 듣고 따라 말하며 세 번씩 써보기 | 🎧 mp3 095 |

①
②
③

| 응용해서 써본 후 MP3 듣고 따라 말하기 | 🎧 mp3 096 |

① 일정에 관해서 귀하의 피드백을 부탁드립니다. [일정 = m. Termin, 피드백 = f. Rückmeldung]

→

② 당신의 질문에 대해 도와드릴 수 있습니다. [도와주다 = weiterhelfen]

→

> ① Hinsichtlich des Termins bitte ich um Ihre Rückmeldung.
> ② Hinsichtlich Ihrer Frage kann ich Ihnen gerne weiterhelfen.

TAG 049 ___월 ___일

> **Wegen** ihrer Recherche konnte das Problem schnell gelöst werden.
>
> 그녀의 조사 덕분에 문제가 빨리 해결되었습니다.

① wegen = ~때문에, ~덕분에, ~로 인해

　wegen ihrer Recherche = 그녀의 조사 덕분에

② f. Recherche = 조사 / recherchieren = 조사하다

③ das Problem lösen = 문제를 해결하다

　das Problem gelöst werden = 문제가 해결되다

MP3 듣고 따라 말하며 세 번씩 써보기	🎧 mp3 097

①

②

③

응용해서 써본 후 MP3 듣고 따라 말하기	🎧 mp3 098

① 그의 병으로 인해 그는 출근할 수 없었습니다. [병 = f. Krankheit]

　→

② 나쁜 날씨 때문에 축구 경기가 취소되었습니다. [축구 경기 = n. Fußballspiel, 취소하다 = absagen]

　→

> ① Wegen seiner Krankheit konnte er nicht zur Arbeit kommen.
>
> ② Wegen des schlechten Wetters wurde das Fußballspiel abgesagt.

TAG 050 ___월 ___일

> ## Aufgrund der aktuellen Situation müssen wir die Veranstaltung verschieben.
>
> 현재의 상황 때문에 행사를 연기해야 합니다.

① aufgrund = ~때문에, ~을 근거로
   aufgrund der aktuellen Situation = 현재의 상황을 근거로 하여
② verschieben (auf + 4격) = (~로) 연기하다
   eine Veranstaltung verschieben = 행사를 연기하다
   "Können wir unsere Verabredung auf Samstag verschieben?"
   = "우리 약속을 토요일로 미뤄도 될까?"

MP3 듣고 따라 말하며 세 번씩 써보기 🎧 mp3 099

①
②
③

응용해서 써본 후 MP3 듣고 따라 말하기 🎧 mp3 100

① 그의 경험으로 인해 그는 팀 리더로 선정되었다. [팀 리더 = m. Teamleiter, 임명하다 = ernennen]
→

② 기술적 문제로 인해 우리는 지각을 했다. [문제/고장 = f. Störung, 지각 = f. Verspätung]
→

> ① Aufgrund seiner Erfahrung wurde er zum Teamleiter ernannt.
> ② Aufgrund einer technischen Störung hatten wir Verspätungen.

QUIZ

정답 p.108

01 (   ) trinken viele Menschen zu wenig Wasser.

연구에 따르면 많은 사람들이 충분히 물을 마시지 않는다고 합니다.

02 Laut meiner Eltern soll ich heute früh (   ).

부모님 말씀에 따르면 오늘은 일찍 자야 한다고 해요.

03 (   ) können viele Krankheiten geheilt werden.

현대 의학을 이용하면 많은 질병이 치료될 수 있습니다.

04 Die Firma (   ) mithilfe neuer Technologien.

그 회사는 새로운 기술을 활용하여 급속히 성장했다.

05 (   ) der aktuellen Lage ist es (   ), Vorsichtsmaßnahmen zu treffen.

현재 상황을 고려할 때, 예방 조치를 취하는 것이 좋을 것 같아요.

06 Angesichts seiner Erfahrung war seine Leistung (   ).

그의 실력을 고려하면 그의 성과는 인상적이다.

07 (   ) lässt sich der Trend deutlich erkennen.

이 그래프를 통해 트렌드가 명확하게 파악될 수 있습니다.

08 Anhand seiner Reaktionen konnte sie erkennen, dass er

(   ).

그의 반응을 통해 그가 거짓말을 했다는 것을 알아차릴 수 있었습니다.

09 Unweit des Bahnhofs (   ) ein kleiner Park.

기차역 근처에 작은 공원이 있어요.

10 (   ) gibt es viele Restaurants und Geschäfte.

호텔 근처에는 많은 레스토랑과 상점이 있어요.

11 (   ) kam es zu Verzögerungen im Zugverkehr.

사고로 인해 기차 운행이 지연되었습니다.

12 Infolge ihrer guten Leistungen erhielt sie (   ).

그녀는 우수한 성과 덕분에 승진했습니다.

13 (   ), bleibe ich lieber zu Hause und lese.

   영화를 보러 가는 대신 집에서 책을 읽는 것을 더 좋아해요.

14 Anstatt Süßigkeiten zu essen, esse ich (   ).

   사탕을 먹는 대신 과일을 더 좋아해요.

15 (   ) müssen wir einige Verbesserungen

   vornehmen.

   그 조치에 관해서 몇 가지 개선이 필요합니다.

16 Hinsichtlich des Termins (   ) ich (   ) Ihre Rückmeldung.

   일정에 관해서 귀하의 피드백을 부탁드립니다.

17 (   ) konnte er nicht zur Arbeit kommen.

   그의 병으로 인해 그는 출근할 수 없었습니다.

18 Wegen des schlechten Wetters (   ) das Fußballspiel

   (   ).

   나쁜 날씨 때문에 축구 경기가 취소되었습니다.

19 (   ) wurde er zum Teamleiter ernannt.

그의 경험으로 인해 그는 팀 리더로 선정되었다.

20 Aufgrund einer (   ) hatten wir Verspätungen.

기술적 문제로 인해 우리는 지각을 했다.

01	Laut einer Studie	11	Infolge eines Unfalls
02	ins Bett gehen	12	eine Beförderung
03	Mithilfe moderner Medizin	13	Anstatt ins Kino zu gehen
04	wuchs schnell	14	lieber Obst
05	Angesichts / ratsam	15	Hinsichtlich der Maßnahmen
06	beeindruckend	16	bitte /um
07	Anhand dieser Grafik	17	Wegen seiner Krankheit
08	gelogen hatte	18	wurde / abgesagt
09	befindet sich	19	Aufgrund seiner Erfahrung
10	Unweit des Hotels	20	technischen Störung

MEMO 틀린 문장이 있을 경우 아래에 몇 번씩 반복해서 써보세요.

LEKTION 06

개인적 의견 주장하기

TAG 051   Ich bin der Auffassung, dass alle Menschen gleich behandelt werden sollten.

TAG 052   Meiner Ansicht nach sollten wir mehr in erneuerbare Energien investieren.

TAG 053   Ich würde mich für den Job im Ausland entscheiden.

TAG 054   Ich halte es für sinnvoll, sich weiterzubilden und neue Fähigkeiten zu erlernen.

TAG 055   Für mich käme eine Beziehung ohne Vertrauen nicht infrage.

TAG 056   Meines Erachtens ist eine gesunde Work-Life-Balance entscheidend.

TAG 057   Aus meiner Sicht sollten wir mehr Wert auf Nachhaltigkeit legen.

TAG 058   Für mich ist es wichtig, dass wir uns für soziale Gerechtigkeit einsetzen.

TAG 059   Laut einer Studie ist die Arbeitszufriedenheit eng mit dem Arbeitsumfeld verbunden.

TAG 060   Als Beispiel lässt sich die Zahl von remoten Arbeitern anführen.

TAG 051 ___월 ___일

Ich bin der Auffassung, dass alle Menschen gleich behandelt werden sollten.

나는 모든 사람이 동등하게 대우받아야 한다고 생각합니다.

① f. Auffassung = 의견, 견해
   der Auffassung sein = ~한 의견이다 → 여성 2격을 사용하는 숙어적 표현입니다.
   동의어: Ich bin der Meinung (der Meinung sein)
② behandeln = 대우하다, 취급하다
   behandelt werden = 대우받다, 취급당하다
   주어 Menschen은 복수명사이며, 접속사 dass로 인해 sollten 동사가 후치되었습니다.

MP3 듣고 따라 말하며 세 번씩 써보기	🎧 mp3 101

①

②

③

응용해서 써본 후 MP3 듣고 따라 말하기	🎧 mp3 102

① 나는 환경 보호가 중요한 역할을 한다고 생각합니다. [환경 보호 = m. Umweltschutz]

→

② 나는 모든 사람이 교육을 받을 권리가 있다고 생각합니다. [모든/모두 = jeder, 권리 = n. Recht]

→

---

① Ich bin der Auffassung, dass Umweltschutz eine wichtige Rolle spielt.

② Ich bin der Auffassung, dass jeder das Recht auf Bildung haben sollte.

TAG 052 ___월 ___일

> ## Meiner Ansicht nach sollten wir mehr in erneuerbare Energien investieren.
>
> 내 견해에 따르면, 우리는 재생 에너지에 더 많은 투자를 해야 합니다.

① meiner Ansicht nach = 내 견해에 따르면
　→ nach 전치사에 의해 여성 3격으로 사용되며, nach는 후치되는 경우가 많습니다.
　동의어: meiner Meinung nach
② erneuerbar = 재생 가능한
　pl. erneuerbare Energien = 재생 에너지 (복수 형태)
③ investieren in + 4격 = ~에 투자하다

MP3 듣고 따라 말하며 세 번씩 써보기	🎧 mp3 103

①

②

③

응용해서 써본 후 MP3 듣고 따라 말하기	🎧 mp3 104

① 내 견해에 따르면, 모든 사람에게 교육 기회가 동등해야 합니다. [교육 기회 = f. Bildungschance]
→

② 내 견해에 따르면, 자연 환경을 보호하는 것이 중요합니다. [보호하다 = schützen]
→

> ① Meiner Ansicht nach sollten Bildungschancen für alle gleich sein.
> ② Meiner Ansicht nach ist es wichtig, die natürliche Umwelt zu schützen.

TAG 053 ___월 ___일

> ## Ich würde mich für den Job im Ausland entscheiden.
> 나는 해외의 일자리를 선택할 것입니다.

① sich entscheiden für + 4격 = ~을 결정하다
  → 재귀동사로 사용되는 경우에는 '주어'와 관련된 결정을 나타내며,
    그렇지 않은 경우 생략이 가능합니다.
② werden 동사의 접속법 2식으로 [würden + 동사원형]으로 사용되면,
  '~할 것 같다'라는 가정의 의미로 해석합니다.
③ im Ausland = 해외에서

MP3 듣고 따라 말하며 세 번씩 써보기　　　　　　　🎧 mp3 105

①

②

③

응용해서 써본 후 MP3 듣고 따라 말하기　　　　　　🎧 mp3 106

① 나는 의학을 공부하기로 결정할 것입니다. [의학 = f. Medizin, 대학 공부/전공 = n. Studium]
  →

② 나는 아시아로의 여행을 선택할 것입니다. [아시아 = n. Asien]
  →

---

① Ich würde mich für das Studium der Medizin entscheiden.
② Ich würde mich für eine Reise nach Asien entscheiden.

TAG 054 ___월 ___일

> Ich halte es für sinnvoll, sich weiterzubilden und neue Fähigkeiten zu erlernen.
>
> 나는 자기 계발을 하고 새로운 재능을 쌓는 것을 의미 있게 생각한다.

① halten für = ~을 여기다
   Ich halte es für sinnvoll = 나는 그것을 의미 있게 여긴다
② sich weiterbilden = 자기 계발을 하다
③ f. Fähigkeit = 재능, 능력
   neue Fähigkeiten erlernen = 새로운 재능을 쌓다

MP3 듣고 따라 말하며 세 번씩 써보기　　　　　🎧 mp3 107

①

②

③

응용해서 써본 후 MP3 듣고 따라 말하기　　　　🎧 mp3 108

① 나는 가족과 더 많은 시간을 보내는 것이 현명하다고 생각합니다. [(시간을) 보내다 = verbringen]

→

② 나는 건강한 식습관을 유지하는 것이 의미가 있다고 생각합니다. [관리하다 = pflegen]

→

---

① Ich halte es für sinnvoll, mehr Zeit mit der Familie zu verbringen.
② Ich halte es für sinnvoll, gesunde Ernährungsgewohnheiten zu pflegen.

TAG 055 ___월 ___일

> **Für mich käme** eine Beziehung ohne Vertrauen
> **nicht infrage.**
> 나에게는 신뢰 없는 관계는 고려할 수 없습니다.

① infrage kommen = 고려할 여지가 있다
  → 접속법 2식으로 käme(kommen) 형태이며, 의견을 공손하게 전달할 수 있는 표현입니다.
② für mich = 나에게는, 내 입장에서는
③ f. Beziehung = 관계 / n. Vertrauen = 신뢰 (vertrauen = 신뢰하다)
  ohne Vertrauen = 신뢰 없이 / ohne Zweifel = 의심 없이
  → 'ohne'는 4격 지배 전치사지만 관사 없이 사용되는 경우가 많습니다.

MP3 듣고 따라 말하며 세 번씩 써보기	🎧 mp3 109

①
②
③

응용해서 써본 후 MP3 듣고 따라 말하기	🎧 mp3 110

① 나에게는 책 없는 삶은 고려할 수 없습니다. [~없이 = ohne]
  →

② 나에게는 모험이 없는 여행은 고려할 수 없습니다. [모험 = n. Abenteuer]
  →

> ① Für mich käme ein Leben ohne Bücher nicht infrage.
> ② Für mich käme eine Reise ohne Abenteuer nicht infrage.

TAG 056 ___월 ___일

> ## Meines Erachtens ist eine gesunde Work-Life-Balance entscheidend.
> 내 소견으로는 건강한 일과 삶의 균형이 중요합니다.

① meines Erachtens = 나의 소견으로는
  → 숙어적 표현으로 중성 2격 표기되었으며, 개인적 견해를 밝힐 때 사용할 수 있습니다.

② f. Work-Life-Balance = 일과 삶의 균형

③ entscheidend = 중요한
  → 'entscheiden - 결정하다' 동사가 현재분사 형태로 변형되면, 형용사인 '중요한', '결정적인'으로 표현됩니다.

MP3 듣고 따라 말하며 세 번씩 써보기 🎧 mp3 111

①
②
③

응용해서 써본 후 MP3 듣고 따라 말하기 🎧 mp3 112

① 내 의견으로는 모든 사람을 위한 교육 기회를 개선해야 합니다. [개선하다 = verbessern]

→

② 내 의견으로는 기후 변화에 더 대응해야 합니다. [기후 변화 = m. Klimawandel]

→

> ① Meines Erachtens sollte man Bildungschancen für alle verbessern.
> ② Meines Erachtens sollte man mehr gegen den Klimawandel unternehmen.

TAG 057 ___월 ___일

> ## Aus meiner Sicht sollten wir mehr Wert auf Nachhaltigkeit legen.
>
> 내 관점에서는 우리는 지속 가능성에 더 많은 가치를 두어야 합니다.

① aus meiner Sicht = 나의 관점에서는
  → f. Sicht 여성 3격으로, 개인의 관점과 시각을 나타낼 때 사용할 수 있습니다.
② auf etw.(4격) Wert legen = ~에 가치를 두다
③ f. Nachhaltigkeit = 지속 가능성 / a. nachhaltig = 지속적인, 오래가는
  → 형용사가 명사화되는 경우 '-heit', '-keit'가 붙고, 여성명사가 됩니다.

MP3 듣고 따라 말하며 세 번씩 써보기   🎧 mp3 113

①
②
③

응용해서 써본 후 MP3 듣고 따라 말하기   🎧 mp3 114

① 내 관점에서는 우리는 교육에 더 많은 투자를 해야 한다고 생각합니다. [투자하다 = investieren]
  →

② 내 관점에서는 우리는 삶의 방식을 재고해야 합니다. [재고하다/숙고하다 = überdenken]
  →

---

① Aus meiner Sicht sollten wir mehr in Bildung investieren.
② Aus meiner Sicht sollten wir unsere Lebensweise überdenken.

TAG 058 ___월 ___일

> ## Für mich ist es wichtig, dass wir uns für soziale Gerechtigkeit einsetzen.
>
> ~~나에게는~~ 사회적 정의를 위해 노력하는 것이 중요하다.

① es ist wichtig, dass ⋯ = ~이 중요하다
   → Für mich 전치사구가 있어서 주어와 동사가 도치되었습니다.
② f. Gerechtigkeit = 정의 / soziale Gerechtigkeit = 사회적 정의
③ sich einsetzen für = ~을 위해 지지하다, 전력을 다하다
   어떤 목적이나 대의를 위해 적극적으로 노력하거나 지원한다는 의미이며,
   재귀동사이기 때문에 주어에 따른 재귀대명사를 사용해야 합니다.
   → wir setzen uns für ⋯ ein. = 우리는 ~을 위해 힘쓴다

MP3 듣고 따라 말하며 세 번씩 써보기	🎧 mp3 115

①

②

③

응용해서 써본 후 MP3 듣고 따라 말하기	🎧 mp3 116

① 나에게는 우리가 건강을 신경 써야 한다는 것이 중요하다. [건강 = f. Gesundheit]

   →

② 나에게는 모든 사람에게 공정한 기회를 만드는 것이 중요하다. [공정한 = gerecht]

   →

> ① Für mich ist es wichtig, dass wir uns um unsere Gesundheit kümmern.
> ② Für mich ist es wichtig, dass wir gerechte Chancen für alle schaffen.

TAG 059 ___월 ___일

> **Laut einer Studie ist die Arbeitszufriedenheit eng mit dem Arbeitsumfeld verbunden.**
>
> 연구에 따르면 직장 만족도는 업무 환경과 밀접하게 관련되어 있습니다.

① laut = ~에 따르면 / f. Studie = 연구
   laut einer Studie = 연구에 따르면
   laut einer Grafik = 그래프에 따르면
② f. Arbeitszufriedenheit = 직장 만족도 → [f. Arbeit + f. Zufriedenheit]
   n. Arbeitsumfeld = 업무 환경 → [f. Arbeit + n. Umfeld]
③ mit etw.(3격) verbunden sein = ~와 관련이 있다

MP3 듣고 따라 말하며 세 번씩 써보기	🎧 mp3 117

①

②

③

응용해서 써본 후 MP3 듣고 따라 말하기	🎧 mp3 118

① 연구에 따르면 명상은 정신 건강에 좋습니다. [명상하다 = meditieren, 정신의 = mental]
   →

② 연구에 따르면 규칙적인 운동은 건강에 중요합니다. [규칙적인 = regelmäßig, 운동 = f. Bewegung]
   →

> ① Laut einer Studie ist Meditieren gut für die mentale Gesundheit.
> ② Laut einer Studie sind regelmäßige Bewegung wichtig für die Gesundheit.

TAG 060 ___월 ___일

> ## Als Beispiel lässt sich die Zahl von remoten Arbeitern anführen.
> 원격으로 일하는 사람들의 수를 예시로 들 수 있습니다.

① sich anführen lassen = 제시될 수 있다, 언급될 수 있다
  → 수동의 가능성인 '~될 수 있다'라고 해석이 가능합니다.
② als Beispiel = 예시로서
③ die Zahl von + 3격 = ~의 수, 숫자
  von remoten Arbeitern = 원격으로 일하는 노동자들의

MP3 듣고 따라 말하며 세 번씩 써보기 🎧 mp3 119

①
②
③

응용해서 써본 후 MP3 듣고 따라 말하기 🎧 mp3 120

① 전기 자동차의 사용을 예로 들 수 있습니다. [전기 자동차 = n. Elektrofahrzeug]
→

② 인공 지능의 발전을 예로 들 수 있습니다. [인공적인 = künstlich, 지능 = f. Intelligenz]
→

> ① Als Beispiel lässt sich die Nutzung von Elektrofahrzeugen anführen.
> ② Als Beispiel lässt sich die Entwicklung von künstlicher Intelligenz anführen.

QUIZ

정답 p.124

01 (   ), dass Umweltschutz eine wichtige Rolle spielt.

나는 환경 보호가 중요한 역할을 한다고 생각합니다.

02 Ich bin der Auffassung, dass jeder (   ) haben sollte.

나는 모든 사람이 교육을 받을 권리가 있다고 생각합니다.

03 Meiner Ansicht nach sollten wir mehr in (   ) investieren.

내 견해에 따르면, 우리는 재생 에너지에 더 많은 투자를 해야 합니다.

04 (   ) sollten Bildungschancen für alle gleich sein.

내 견해에 따르면, 모든 사람에게 교육 기회가 동등해야 합니다.

05 (   ) das Studium der Medizin entscheiden.

나는 의학을 공부하기로 결정할 것입니다.

06 Ich würde mich (   ) eine Reise nach Asien (   ).

나는 아시아로의 여행을 선택할 것입니다.

07 Ich (   ) es (   ) sinnvoll, mehr Zeit mit der Familie zu (   ).

나는 가족과 더 많은 시간을 보내는 것이 현명하다고 생각합니다.

08 Ich halte es für sinnvoll, gesunde (   ) zu pflegen.

나는 건강한 식습관을 유지하는 것이 의미가 있다고 생각합니다.

09 Für mich käme eine Beziehung (   ) nicht infrage.

나에게는 신뢰 없는 관계는 고려할 수 없습니다.

10 Für mich (   ) ein Leben ohne Bücher nicht (   ).

나에게는 책 없는 삶은 고려할 수 없습니다.

11 (   ) ist eine gesunde Work-Life-Balance entscheidend.
내 소견으로는 건강한 일과 삶의 균형이 중요합니다.

12 Meines Erachtens sollte man (   ) für alle verbessern.
내 의견으로는 모든 사람을 위한 교육 기회를 개선해야 합니다.

13 (   ) sollten wir mehr in Bildung (   ).
내 관점에서는 우리는 교육에 더 많은 투자를 해야 한다고 생각합니다.

14 Aus meiner Sicht sollten wir (   ) überdenken.
내 관점에서는 우리는 삶의 방식을 재고해야 합니다.

15 Für mich ist es wichtig, dass wir uns (   ) soziale Gerechtigkeit (   ).
나에게는 사회적 정의를 위해 노력하는 것이 중요하다.

16 Für mich ist es wichtig, dass wir uns (   ) unsere Gesundheit (   ).

나에게는 우리가 건강을 신경 써야 한다는 것이 중요하다.

17 (   ) ist die Arbeitszufriedenheit eng mit dem Arbeitsumfeld verbunden.

연구에 따르면 직장 만족도는 업무 환경과 밀접하게 관련되어 있습니다.

18 Laut einer Studie sind (   ) wichtig für die Gesundheit.

연구에 따르면 규칙적인 운동은 건강에 중요합니다.

19 (   ) lässt sich die Nutzung von Elektrofahrzeugen anführen.

전기 자동차의 사용을 예로 들 수 있습니다.

20 Als Beispiel lässt sich die Entwicklung von (   ) anführen.

인공 지능의 발전을 예로 들 수 있습니다.

01	Ich bin der Auffassung	11	Meines Erachtens
02	das Recht auf Bildung	12	Bildungschancen
03	erneuerbare Energien	13	Aus meiner Sicht / investieren
04	Meiner Ansicht nach	14	unsere Lebensweise
05	Ich würde mich für	15	für / einsetzen
06	für / entscheiden	16	um / kümmern
07	halte / für / verbringen	17	Laut einer Studie
08	Ernährungsgewohnheiten	18	regelmäßige Bewegung
09	ohne Vertrauen	19	Als Beispiel
10	käme / infrage	20	künstlicher Intelligenz

MEMO 틀린 문장이 있을 경우 아래에 몇 번씩 반복해서 써보세요.

LEKTION 07

그래프 묘사하기

TAG 061 Die Grafik behandelt das Thema der Veränderungen im Bildungssystem über die Jahre.

TAG 062 Das Diagramm stellt den Zusammenhang zwischen Bildungsniveau und Einkommen dar.

TAG 063 Als Quelle ist die Weltgesundheitsorganisation (WHO) angegeben.

TAG 064 Der Zeitraum umfasst die Jahre von 2000 bis 2020.

TAG 065 Die Angaben der Grafik sind in Prozent angegeben.

TAG 066 Die Zahl der verkauften Produkte ist um 20% gestiegen.

TAG 067 Die Zahl der Neugeborenen ist um 10% gesunken.

TAG 068 Dabei fällt auf, dass die CO_2-Emissionen in den letzten Jahren gesunken sind.

TAG 069 Ich vermute, dass die Kundenanzahl auf die wirtschaftliche Lage zurückzuführen ist.

TAG 070 Zusammenfassend kann man sagen, dass Bildung eine Schlüsselrolle spielt.

TAG 061 ___월 ___일

> **Die Grafik behandelt das Thema der Veränderungen im Bildungssystem über die Jahre.**
>
> 그래프는 몇 년 동안의 교육 시스템 변화에 관한 주제를 다룹니다.

① behandeln etw. = ~을 다루다
　das Thema der Veränderungen = 변화들에 대한 주제
　→ 2격 수식되어 das Thema 명사의 수식어로 사용되어, 문장을 간결하게 만들어 줍니다.

② n. Bildungssystem = 교육 시스템
　Veränderung im Bildungssystem = 교육 시스템에서의 변화

MP3 듣고 따라 말하며 세 번씩 써보기	🎧 mp3 121

①
②
③

응용해서 써본 후 MP3 듣고 따라 말하기	🎧 mp3 122

① 그래프는 여러 나라의 연령 구조에 관한 주제를 다룹니다. [연령 구조 = f. Altersstruktur]
　→
② 그래프는 온도 상승에 관한 주제를 다룹니다. [온도 상승 = m. Temperaturanstieg]
　→

> ① Die Grafik behandelt das Thema der Altersstruktur in verschiedenen Ländern.
> ② Die Grafik behandelt das Thema der Temperaturanstiege.

TAG 062 ___월 ___일

> **Das Diagramm stellt den Zusammenhang zwischen Bildungsniveau und Einkommen dar.**
> 이 다이어그램은 교육 수준과 소득 간의 관계를 보여줍니다.

① darstellen = 보여주다, 제시하다
   → 분리동사이며, 정보를 제시하거나 보여주는 경우에 자주 사용됩니다.
② m. Zusammenhang zwischen A und B = A와 B 사이의 관계
   → A와 B 사이의 연관성 또는 서로 영향을 미치는 관계를 보여줄 때 사용할 수 있으며 zusammenhängen 동사에서 파생되었습니다.
③ n. Bildungsniveau = 교육 수준 / n. Einkommen = 수입, 소득

MP3 듣고 따라 말하며 세 번씩 써보기 🎧 mp3 123

①
②
③

응용해서 써본 후 MP3 듣고 따라 말하기 🎧 mp3 124

① 이 다이어그램은 연령별 인구 분포를 보여줍니다. [연령층 = f. Altersgruppe, 분포 = f. Verteilung]
→

② 이 다이어그램은 에너지 소비의 발전을 보여줍니다. [에너지 소비 = m. Energieverbrauch]
→

> ① Das Diagramm stellt die Verteilung der Bevölkerung nach Altersgruppen dar.
> ② Das Diagramm stellt die Entwicklung des Energieverbrauchs dar.

TAG 063 ___월 ___일

> **Als Quelle ist** die Weltgesundheitsorganisation (WHO) **angegeben**.
>
> 출처로 세계 보건 기구(WHO)가 명시되어 있습니다.

① als Quelle ist etw. angegeben = 출처로 ~이 명시되어 있다.
　f. Quelle = 출처 / als = ~로서
　angeben = 명시하다, 기입하다 → angegeben = 명시된
　→ 상태수동은 [sein + 과거분사(p.p)]로 표현하며, '~되어 있는'으로 해석할 수 있습니다.

② f. Weltgesundheitsorganisation = 세계 보건 기구 (WHO)

MP3 듣고 따라 말하며 세 번씩 써보기	🎧 mp3 125
①	
②	
③	

응용해서 써본 후 MP3 듣고 따라 말하기	🎧 mp3 126

① 출처로 통계청이 명시되어 있습니다. [통계상의 = statistisch, 연방 (상급) 관청 = n. Bundesamt]
　→

② 출처로 환경청이 명시되어 있습니다. [환경청 = n. Umweltbundesamt]
　→

> ① Als Quelle ist das Statistische Bundesamt angegeben.
> ② Als Quelle ist das Umweltbundesamt angegeben.

TAG 064 ___월 ___일

> ## Der Zeitraum umfasst die Jahre von 2000 bis 2020.
> 해당 기간은 2000년부터 2020년까지입니다.

① m. Zeitraum = 기간, 시간 / umfassen = 포괄하다, 포함하다
  → Zeitraum은 시기의 경과를 나타내며,
    그래프에서 보여주는 정보가 어떤 시기에 해당되는지를 나타냅니다.
② die Jahre von A bis B = A부터 B의 연도

MP3 듣고 따라 말하며 세 번씩 써보기 🎧 mp3 127

①

②

③

응용해서 써본 후 MP3 듣고 따라 말하기 🎧 mp3 128

① 해당 기간은 2010년부터 2021년까지입니다.

→

② 해당 기간은 2017년부터 2023년까지입니다.

→

---

① Der Zeitraum umfasst die Jahre von 2010 bis 2021.
② Der Zeitraum umfasst die Jahre von 2017 bis 2023.

TAG 065 ___월 ___일

> ## Die Angaben der Grafik sind in Prozent angegeben.
> 그래프의 항목은 백분율로 표시되었습니다.

① f. Angabe = 항목
  → 동사 'angeben - 명시하다'에서 파생된 명사이며,
    그래프에서 보여주고 있는 기준 정보를 뜻합니다.
  die Angabe der Grafik = 그래프의 항목
② in Prozent = 백분율로
  in Dollar = 달러로 / in Won = 원화로

MP3 듣고 따라 말하며 세 번씩 써보기	🎧 mp3 129

①
②
③

응용해서 써본 후 MP3 듣고 따라 말하기	🎧 mp3 130

① 그래프의 모든 수치는 백분율로 표시되어 있습니다. [숫자 = f. Zahl, 명시하다 = darstellen]

  →

② 그래프의 항목들은 달러로 표시되어 있습니다.

  →

> ① Alle Zahlen in der Grafik sind in Prozent dargestellt.
> ② Die Angaben der Grafik sind in Dollar angegeben.

TAG 066 ___월 ___일

> # Die Zahl der verkauften Produkte ist um 20% gestiegen.
>
> 판매된 제품 수가 20% 증가했습니다.

① Die Zahl der verkauften Produkte = 판매된 제품의 수
  → Produkte가 복수 2격으로 die Zahl에 수식되어 있으므로,
    약변화 복수 2격으로 형용사 어미 변화되었습니다.
② steigen = 오르다 → ist ··· gestiegen = (수치가) 증가했다, 올랐다
  → 현재완료 시제에서 조동사 sein을 취하며,
    증가한 양을 표현하는 경우에는 전치사 um n%로 표현합니다.

| MP3 듣고 따라 말하며 세 번씩 써보기 | 🎧 mp3 131 |

①
②
③

| 응용해서 써본 후 MP3 듣고 따라 말하기 | 🎧 mp3 132 |

① 실업자 수가 20% 증가했습니다. [실업자 = pl. Arbeitslosen]

→

② 인구 수가 20% 증가했습니다. [인구 = pl. Einwohner]

→

> ① Die Zahl der Arbeitslosen ist um 20% gestiegen.
> ② Die Zahl der Einwohner ist um 20% gestiegen.

TAG 067 ___월 ___일

> Die Zahl der Neugeborenen ist um 10% gesunken.
>
> 신생아 수가 10% 감소했습니다.

① sinken = 가라앉다, 감소하다 → ist ··· gesunken = 감소했다
  → 수치가 줄어들거나, 감소했을 때 사용할 수 있는 자동사입니다.
  senken = 줄이다, 감소시키다 (타동사)

② neugeboren = 갓 태어난 → die Neugeborenen = 갓 태어난 아기들 (pl.)
  형용사가 명사화되어 갓 태어난 아기들을 뜻하는 단어이며,
  사용되는 격에 따라서 형용사 어미가 변화될 수 있습니다.

MP3 듣고 따라 말하며 세 번씩 써보기 　　　🎧 mp3 133

①

②

③

응용해서 써본 후 MP3 듣고 따라 말하기 　　　🎧 mp3 134

① 일자리 수가 5% 감소했습니다. [일자리 = pl. Arbeitsplätze]

→

② 판매된 자동차 수가 15% 감소했습니다. [판매하다 = verkaufen]

→

---
① Die Zahl der Arbeitsplätze ist um 5% gesunken.
② Die Zahl der verkauften Autos ist um 15% gesunken.

TAG 068 ___월 ___일

> Dabei fällt auf, dass die CO2-Emissionen in den letzten Jahren gesunken sind.
>
> 주목할 점은 최근 몇 년 동안 이산화탄소 배출량이 감소했다는 것입니다.

① auffallen = 눈에 띄다 / auffällig = 눈에 띄는
  Dabei fällt auf, dass … = 여기서 눈에 띄는 점은 ~이다
② f. Emission = 배출 → CO2-Emissionen = 이산화탄소 배출
③ in den letzten Jahren = 지난 몇 년 동안
  → [in + 복수 3격]을 통해 불특정한 지난 시간들을 표현할 수 있습니다.

| MP3 듣고 따라 말하며 세 번씩 써보기 | 🎧 mp3 135 |

①
②
③

| 응용해서 써본 후 MP3 듣고 따라 말하기 | 🎧 mp3 136 |

① 주목할 점은 부동산 가격이 크게 상승했다는 것입니다. [부동산 = pl. Immobilien]

→

② 주목할 점은 교육에 대한 지출이 크게 증가했다는 것입니다. [지출 = pl. Ausgaben]

→

> ① Dabei fällt auf, dass die Preise für Immobilien stark gestiegen sind.
> ② Dabei fällt auf, dass die Ausgaben für Bildung stark gestiegen sind.

TAG 069 ___월 ___일

> **Ich vermute, dass die Kundenanzahl auf die wirtschaftliche Lage zurückzuführen ist.**
> 내 추측으로는 고객 수는 경제적 상황과 관련이 있다고 생각해요.

① vermuten = 추측하다
  Ich vermute, dass ⋯ = 내 추측으로는 ~하다
② auf etw.(4격) zurückführen = 원인을 ~에서 찾다
  → '~의 원인을 ~에서 찾다'라는 의미로서, auf 전치사구에 '원인/이유'의 내용이 들어갑니다.
③ f. Lage = 상황
  die wirtschaftliche Lage = 경제적 상황

MP3 듣고 따라 말하며 세 번씩 써보기	🎧 mp3 137

①

②

③

응용해서 써본 후 MP3 듣고 따라 말하기	🎧 mp3 138

① 프로젝트의 성공이 많은 요소에 의해 좌우될 것으로 추측해요. [의존하는/종속된 = abhängig]

→

② 이 토론은 계속해서 논란이 있을 것으로 추측해요. [논쟁의 여지가 있는 = kontrovers]

→

> ① Ich vermute, dass der Erfolg des Projekts von Faktoren abhängig sein wird.
> ② Ich vermute, dass die Diskussion weiterhin kontrovers sein wird.

TAG 070 ___월 ___일

> **Zusammenfassend kann man sagen, dass Bildung eine Schlüsselrolle spielt.**
>
> 요약하자면, 교육이 중요한 역할을 한다고 말할 수 있습니다.

① zusammenfassen = 요약하다 → zusammenfassend = 요약하자면
  현재분사 형태로 사용되면, '~하는'이라는 의미로 해석되어 분사 형태가 됩니다.
② f. Bildung = 교육
③ eine Schlüsselrolle spielen = 중요한 역할을 하다
  → 핵심적인 역할을 하는 인물, 요소에 사용하는 표현입니다.
  동의어: von großer Bedeutung sein = 중요성을 가지고 있다

MP3 듣고 따라 말하며 세 번씩 써보기	🎧 mp3 139

①
②
③

응용해서 써본 후 MP3 듣고 따라 말하기	🎧 mp3 140

요약하자면, 디지털화가 많은 영역에서 중요한 역할을 한다고 말할 수 있습니다.

[디지털화 = f. Digitalisierung, 많은 = viel, 영역 = m. Bereich]

→

Zusammenfassend kann man sagen, dass die Digitalisierung in vielen Bereichen sehr wichtig ist.

QUIZ

정답 p.140

01 Die Grafik behandelt das Thema der Veränderungen

(   ) über die Jahre.

그래프는 몇 년 동안의 교육 시스템 변화에 관한 주제를 다룹니다.

02 Die Grafik (   ) das Thema der (   ) in

verschiedenen Ländern.

그래프는 여러 나라의 연령 구조에 관한 주제를 다룹니다.

03 Das Diagramm stellt den (   ) zwischen

Bildungsniveau und Einkommen dar.

이 다이어그램은 교육 수준과 소득 간의 관계를 보여줍니다.

04 Das (   ) stellt die Verteilung der Bevölkerung nach

Altersgruppen dar.

이 다이어그램은 연령별 인구 분포를 보여줍니다.

05 Als (   ) ist das Statistische Bundesamt (   ).

출처로 통계청이 명시되어 있습니다.

06 Als Quelle ist (   ) angegeben.

출처로 환경청이 명시되어 있습니다.

07 (   ) umfasst die Jahre von 2000 bis 2020.

해당 기간은 2000년부터 2020년까지입니다.

08 Der Zeitraum (   ) die Jahre (   ) 2017 (   ) 2023.

해당 기간은 2017년부터 2023년까지입니다.

09 Alle Zahlen in der Grafik sind (   ) dargestellt.

그래프의 모든 수치는 백분율로 표시되어 있습니다.

10 Die Angaben der Grafik sind in Dollar (   ).

그래프의 항목들은 달러로 표시되어 있습니다.

11 (   ) ist um 20% gestiegen.

실업자 수가 20% 증가했습니다.

12 Die Zahl der Einwohner (   ) um 20% (   ).

인구 수가 20% 증가했습니다.

13 Die Zahl der Neugeborenen (   ) um 10% (   ).

신생아 수가 10% 감소했습니다.

14 Die Zahl der (   ) ist um 15% gesunken.

판매된 자동차 수가 15% 감소했습니다.

15 Dabei fällt auf, dass (   ) stark gestiegen sind.

주목할 점은 부동산 가격이 크게 상승했다는 것입니다.

16 (   ), dass die Ausgaben für Bildung stark gestiegen sind.

주목할 점은 교육에 대한 지출이 크게 증가했다는 것입니다.

17 Ich vermute, dass die Kundenanzahl (   ) zurückzuführen ist.

내 추측으로는 고객 수는 경제적 상황과 관련이 있다고 생각해요.

18 Ich vermute, dass der Erfolg des Projekts (   ) Faktoren (   ) wird.

프로젝트의 성공이 많은 요소에 의해 좌우될 것으로 추측해요.

19 (   ) kann man sagen, dass Bildung eine Schlüsselrolle spielt.

요약하자면, 교육이 중요한 역할을 한다고 말할 수 있습니다.

20 Zusammenfassend kann man sagen, dass die Digitalisierung (   ) sehr wichtig ist.

요약하자면, 디지털화가 많은 영역에서 중요한 역할을 한다고 말할 수 있습니다.

01	im Bildungssystem	11	Die Zahl der Arbeitslosen
02	behandelt / Altersstruktur	12	ist / gestiegen
03	Zusammenhang	13	ist / gesunken
04	Diagramm	14	verkauften Autos
05	Quelle / angegeben	15	die Preise für Immobilien
06	das Umweltbundesamt	16	Dabei fällt auf
07	Der Zeitraum	17	auf die wirtschaftliche Lage
08	umfasst / von / bis	18	von / abhängig sein
09	in Prozent	19	Zusammenfassend
10	angegeben	20	in vielen Bereichen

MEMO 틀린 문장이 있을 경우 아래에 몇 번씩 반복해서 써보세요.

LEKTION 08

목적어와 결합된 숙어적 표현

TAG 071 Das Familienumfeld kann einen Einfluss haben auf die Entwicklung von Kindern.

TAG 072 Eine gesunde Lebensweise gibt einen Beitrag zu einer besseren Lebensqualität.

TAG 073 Bildschirmzeit vor dem Schlafengehen kann eine Auswirkung auf den Schlaf haben.

TAG 074 Man muss eine Entscheidung treffen, wie viel man pro Monat ausgibt.

TAG 075 In der Familie sollte man einen Kompromiss finden, um Konflikte zu lösen.

TAG 076 Ein Spaziergang im Park kann an einem sonnigen Tag Freude bereiten.

TAG 077 Vor einem Projekt sollten alle Teammitglieder gemeinsam Vorbereitungen treffen.

TAG 078 Durch das Lesen von Fachbüchern kann man sein Verständnis vertiefen.

TAG 079 Mit dem regelmäßigen Lesen kann man fachliche Kenntnisse erweitern.

TAG 080 Es ist wichtig, fair Kritik zu üben, um ein positives Arbeitsumfeld zu fördern.

TAG 071 ___월 ___일

> Das Familienumfeld kann einen Einfluss haben auf die Entwicklung von Kindern.
>
> 가정 환경은 아이들의 발달에 영향을 미칠 수 있습니다.

① m. Einfluss = 영향

   einen Einfluss haben auf + 4격 = ~에 영향을 미치다

② f. Entwicklung = 발달

   die Entwicklung von Kindern = 아이들의 발달

   → [von + 3격] 형태로 Kinder에 복수 3격 + n을 추가적으로 붙여줍니다.

③ 유사한 표현: beeinflussen etw.(4격)

MP3 듣고 따라 말하며 세 번씩 써보기	🎧 mp3 141

①

②

③

응용해서 써본 후 MP3 듣고 따라 말하기	🎧 mp3 142

정치적 결정은 경제에 영향을 미칠 수 있습니다.

[정치적인 = politisch, 결정 = f. Entscheidung, 경제 = f. Wirtschaft]

→

> Die politischen Entscheidungen können einen Einfluss haben auf die Wirtschaft.

TAG 072 ___월 ___일

> Eine gesunde Lebensweise gibt einen Beitrag zu einer besseren Lebensqualität.
>
> 건강한 생활 방식은 더 나은 삶의 질에 도움됩니다.

① einen Beitrag geben zu + 3격 = ~에 대해 기여하다
  → 특정 대상이나 상황에 공헌했을 때 사용되며,
    'zu' 다음에 공헌의 대상이 되는 명사구가 위치합니다.
② f. Lebensqualität = 삶의 질
③ 유사한 표현: beitragen zu + 3격

MP3 듣고 따라 말하며 세 번씩 써보기	🎧 mp3 143

①

②

③

응용해서 써본 후 MP3 듣고 따라 말하기	🎧 mp3 144

① 교육은 보다 공정한 사회를 위해 기여할 수 있습니다. [사회 = f. Gesellschaft]

  →

② 자원봉사는 공동체를 위해 기여할 수 있습니다. [자원봉사 = f. Freiwilligenarbeit]

  →

---

① Bildung kann einen Beitrag zu einer gerechteren Gesellschaft geben.

② Freiwilligenarbeit kann einen Beitrag zu einer Gemeinschaft geben.

TAG 073 ___월 ___일

> **Bildschirmzeit vor dem Schlafengehen kann eine Auswirkung auf den Schlaf haben.**
> 잠들기 전에 화면을 보는 것은 수면에 영향을 미칠 수 있습니다.

① eine Auswirkung haben auf + 4격 = ~에 영향을 미치다
   → 어떤 것이 다른 것에 영향을 미치는 상황을 설명할 때 사용됩니다.
② f. Bildschirmzeit = 디지털 화면 앞에서 보내는 시간
   vor dem Schlafengehen = 잠자기 전에
③ 유사한 표현: sich auswirken auf + 4격

MP3 듣고 따라 말하며 세 번씩 써보기　　　　　　　　🎧 mp3 145

①
②
③

응용해서 써본 후 MP3 듣고 따라 말하기　　　　　　🎧 mp3 146

① 스트레스는 신체적 건강에 영향을 미칠 수 있습니다. [신체상의 = körperlich]
　→
② 부적절한 식습관은 체중에 영향을 미칠 수 있습니다. [건강에 해로운 = ungesund]
　→

> ① Stress kann eine Auswirkung auf die körperliche Gesundheit haben.
> ② Eine ungesunde Ernährung kann eine Auswirkung auf das Gewicht haben.

TAG 074 ___월 ___일

> Man muss eine Entscheidung treffen,
> wie viel man pro Monat ausgibt.
> 한 달에 얼마나 지출할 것인지에 대한 결정을 내려야 합니다.

① eine Entscheidung treffen = 결정을 내리다
   → 어떤 문제에 대해 결론을 내리거나, 선택을 하는 과정을 나타냅니다.
② ausgeben = 돈을 지출하다
   pro + Monat (단위) = 한 달에 (~당)
③ 유사한 표현: sich entscheiden für + 4격

MP3 듣고 따라 말하며 세 번씩 써보기 🎧 mp3 147

①
②
③

응용해서 써본 후 MP3 듣고 따라 말하기 🎧 mp3 148

① 자동차를 구매하기 전에 결정을 내려야 합니다. [구매 = m. Kauf]
   →

② 오늘 그는 중요한 결정을 내려야 합니다.
   →

① Vor dem Kauf eines Autos muss man eine Entscheidung treffen.
② Heute muss er eine wichtige Entscheidung treffen.

TAG 075 ___월 ___일

> # In der Familie sollte man einen Kompromiss finden, um Konflikte zu lösen.
>
> 가족 사이에서는 갈등을 해소하기 위해 타협안을 찾아야 합니다.

① einen Kompromiss finden = 타협하다, 절충안을 찾다
  → 서로 다른 의견 사이에서 공통된 점점을 찾아 합의하는 경우에 사용됩니다.
② um … zu = ~하기 위해서
  Konflikte lösen = 갈등을 풀다, 갈등을 해소하다
③ 유사한 표현: sich einigen = 의견을 일치시키다

| MP3 듣고 따라 말하며 세 번씩 써보기 | 🎧 mp3 149 |

①
②
③

| 응용해서 써본 후 MP3 듣고 따라 말하기 | 🎧 mp3 150 |

① 갈등 중에는 타협안을 찾아야 합니다. [갈등 = m. Konflikt]
  →

② 국제 협상에서는 타협안을 찾아야 합니다. [토의/담판 = f. Verhandlung]
  →

> ① Bei Konflikten sollte man einen Kompromiss finden.
> ② In internationalen Verhandlungen sollte man einen Kompromiss finden.

TAG 076 ___월 ___일

> # Ein Spaziergang im Park kann an einem sonnigen Tag Freude bereiten.
>
> 햇볕이 좋은 날에 공원을 산책하는 것은 기쁨을 줄 수 있다.

① jm. Freude bereiten = ~에게 기쁨을 주다
  → 어떤 행동, 상황이 누군가에게(3격) 긍정적인 감정을 줄 때 사용됩니다.
② an einem Tag = ~날에 → an einem sonnigen Tag = 햇볕이 좋은 날에
   m. Spaziergang = 산책 → ein Spaziergang im Park = 공원에서의 산책

MP3 듣고 따라 말하며 세 번씩 써보기　　　　　　　　　　　　 🎧 mp3 151

①

②

③

응용해서 써본 후 MP3 듣고 따라 말하기　　　　　　　　　　　 🎧 mp3 152

① 다른 사람의 성공을 축하하는 것은 그들에게 기쁨을 줄 수 있습니다. [축하하다 = feiern]
　→

② 아이의 미소는 많은 사람들에게 기쁨을 줄 수 있습니다. [미소 = n. Lächeln]
　→

---

① Die Erfolge anderer zu feiern kann ihnen Freude bereiten.
② Das Lächeln eines Kindes kann vielen Menschen Freude bereiten.

TAG 077 ___월 ___일

> Vor einem Projekt sollten alle Teammitglieder gemeinsam Vorbereitungen treffen.
>
> 프로젝트 전에는 모든 팀원이 함께 준비를 해야 합니다.

① Vorbereitungen treffen = 준비를 하다, 준비 작업을 하다
  → 어떤 목표나 활동을 위해 준비하는 일련의 과정을 나타냅니다.
② n. Projekt = 프로젝트
  Vor einem Projekt = 프로젝트 전에
③ 유사한 표현: etwas vorbereiten

| MP3 듣고 따라 말하며 세 번씩 써보기 | 🎧 mp3 153 |

①
②
③

| 응용해서 써본 후 MP3 듣고 따라 말하기 | 🎧 mp3 154 |

① 시험 전에 학생들은 준비를 해야 합니다. [시험 = f. Prüfung]
  →

② 여행 전에는 준비를 해야 합니다. [여행 = f. Reise]
  →

---
① Vor einer Prüfung sollten Studenten Vorbereitungen treffen.
② Vor einer Reise muss man Vorbereitungen treffen.

TAG 078 ___월 ___일

> # Durch das Lesen von Fachbüchern kann man sein Verständnis vertiefen.
>
> 전문 서적을 읽음으로써 깊게 이해할 수 있다.

① das Verständnis vertiefen = 이해도를 높이다, 깊게 이해하다
   → 어떤 주제나 개념에 대한 지식과 이해 수준을 심화시키는 경우에 사용됩니다.
② durch = ~를 함으로써, ~로 인해 (원인)
   durch das Lesen von Fachbüchern = 전문 서적을 읽음으로써
③ 유사한 표현: besser verstehen

MP3 듣고 따라 말하며 세 번씩 써보기	🎧 mp3 155
①	
②	
③	

응용해서 써본 후 MP3 듣고 따라 말하기	🎧 mp3 156

① 전문가와의 토론을 통해서 나는 깊게 이해할 수 있었다. [전문가 = m. Experte]
   →

② 적용하면서 너는 깊게 이해할 수 있을 거야. [적용 = f. Anwendung]
   →

> ① Durch die Diskussionen mit Experten konnte ich mein Verständnis vertiefen.
> ② Durch die Anwendung könntest du dein Verständnis vertiefen.

TAG 079 ___월 ___일

> ## Mit dem regelmäßigen Lesen kann man fachliche Kenntnisse erweitern.
>
> 규칙적인 독서로 전문적인 지식을 넓힐 수 있다.

① Kenntnisse erweitern = 지식을 확장하다, 지식 범위를 넓히다
   → 기존 지식을 넘어 새로운 분야나 주제에 대해 배우고, 이해하는 과정을 나타낼 수 있습니다.
   fachliche Kenntnisse = 전문 지식
② mit dem regelmäßigen Lesen = 규칙적인 독서를 통해 (수단)
   → 수단 또는 방법을 소개하는 경우 mit 전치사를 활용할 수 있으며,
   간결한 명사구문으로 표현이 가능합니다.

MP3 듣고 따라 말하며 세 번씩 써보기 🎧 mp3 157

①
②
③

응용해서 써본 후 MP3 듣고 따라 말하기 🎧 mp3 158

① 세미나에 참석하면서 너는 지식을 넓힐 수 있을 거야. [방문/참석 = m. Besuch]
   →

② 이 경험으로 너는 지식을 넓힐 수 있을 거야. [경험 = f. Erfahrung]
   →

> ① Mit dem Besuch von Seminaren kannst du Kenntnisse erweitern.
> ② Mit dieser Erfahrung kannst du Kenntnisse erweitern.

TAG 080 ___월 ___일

> **Es ist wichtig, fair Kritik zu üben, um ein positives Arbeitsumfeld zu fördern.**
>
> 긍정적인 근무 환경을 장려하기 위해 공정한 비판을 하는 것이 중요합니다.

① Kritik üben = 비판하다, 비평하다
  → 문제점을 지적하거나 더 나은 해결책을 제안하기 위해 비판하는 경우 사용됩니다.
② n. Arbeitsumfeld = 근무 환경
  ein positives Arbeitsumfeld fördern = 긍정적인 근무 환경을 장려하다
③ 유사한 표현: kritisieren = ~을 비판하다

| MP3 듣고 따라 말하며 세 번씩 써보기 | mp3 159 |

①
②
③

| 응용해서 써본 후 MP3 듣고 따라 말하기 | mp3 160 |

① 건설적인 비판을 하는 것이 중요하다. [건설적인 = konstruktiv]
  →

② 존중받는 비판을 하는 것이 중요하다. [존경심에 가득 찬/정중한 = respektvoll]
  →

> ① Es ist wichtig, konstruktive Kritik zu üben.
> ② Es ist wichtig, respektvolle Kritik zu üben.

QUIZ

정답 p.156

01 Das Familienumfeld kann (   ) auf die Entwicklung von Kindern.

가정 환경은 아이들의 발달에 영향을 미칠 수 있습니다.

02 (   ) können einen Einfluss haben auf die Wirtschaft.

정치적 결정은 경제에 영향을 미칠 수 있습니다.

03 Eine gesunde Lebensweise gibt einen Beitrag zu einer (   ).

건강한 생활 방식은 더 나은 삶의 질에 도움됩니다.

04 Bildung kann (   ) zu einer gerechteren Gesellschaft geben.

교육은 보다 공정한 사회를 위해 기여할 수 있습니다.

05 Bildschirmzeit vor dem Schlafengehen kann (   ) den Schlaf haben.

잠들기 전에 화면을 보는 것은 수면에 영향을 미칠 수 있습니다.

06 Eine (   ) kann eine Auswirkung auf das Gewicht haben.

부적절한 식습관은 체중에 영향을 미칠 수 있습니다.

07 (   ) eines Autos muss man eine Entscheidung treffen.

자동차를 구매하기 전에 결정을 내려야 합니다.

08 Heute muss er eine wichtige (   ).

오늘 그는 중요한 결정을 내려야 합니다.

09 In der Familie sollte man einen Kompromiss finden, um (   ).

가족 사이에서는 갈등을 해소하기 위해 타협안을 찾아야 합니다.

10 Bei Konflikten sollte man (   ).

갈등 중에는 타협안을 찾아야 합니다.

11 Die Erfolge anderer zu feiern (   ) ihnen Freude (   ).

다른 사람의 성공을 축하하는 것은 그들에게 기쁨을 줄 수 있습니다.

12 ( ) kann vielen Menschen Freude bereiten.

아이의 미소는 많은 사람들에게 기쁨을 줄 수 있습니다.

13 Vor einem Projekt sollten ( ) gemeinsam Vorbereitungen treffen.

프로젝트 전에는 모든 팀원이 함께 준비를 해야 합니다.

14 Vor einer Prüfung sollten Studenten ( ).

시험 전에 학생들은 준비를 해야 합니다.

15 ( ) mit Experten konnte ich mein Verständnis vertiefen.

전문가와의 토론을 통해서 나는 깊게 이해할 수 있었다.

16 Durch die Anwendung könntest du dein ( ).

적용하면서 너는 깊게 이해할 수 있을 거야.

17 Mit dem regelmäßigen Lesen kann man (   ) erweitern.

규칙적인 독서로 전문적인 지식을 넓힐 수 있다.

18 Mit dem Besuch von Seminaren kannst du (   ).

세미나에 참석하면서 너는 지식을 넓힐 수 있을 거야.

19 Es ist wichtig, (   ) zu üben.

건설적인 비판을 하는 것이 중요하다.

20 Es ist wichtig, respektvolle (   ) zu (   ).

존중받는 비판을 하는 것이 중요하다.

01	einen Einfluss haben	11	kann / bereiten
02	Die politischen Entscheidungen	12	Das Lächeln eines Kindes
03	besseren Lebensqualität	13	alle Teammitglieder
04	einen Beitrag	14	Vorbereitungen treffen
05	eine Auswirkung auf	15	Durch die Diskussionen
06	ungesunde Ernährung	16	Verständnis vertiefen
07	Vor dem Kauf	17	fachliche Kenntnisse
08	Entscheidung treffen	18	Kenntnisse erweitern
09	Konflikte zu lösen	19	konstruktive Kritik
10	einen Kompromiss finden	20	Kritik / üben

MEMO 틀린 문장이 있을 경우 아래에 몇 번씩 반복해서 써보세요.

LEKTION 09

전치사와 결합된 숙어적 표현

TAG 081   Die Dienstleistungen stehen den Kunden rund um die Uhr zur Verfügung.

TAG 082   Die Bibliothek stellt den Studenten umfangreiche Literatur zur Verfügung.

TAG 083   In unserem Menü stehen vegetarische Gerichte zur Auswahl.

TAG 084   Wir müssen dieses Thema zur Sprache bringen, um eine Lösung zu finden.

TAG 085   In dem Artikel kommt die politische Situation des Landes zur Sprache.

TAG 086   Er brachte seinen Dank für die Hilfe zum Ausdruck.

TAG 087   Die Wichtigkeit von Bildung kommt in den Artikeln zum Ausdruck.

TAG 088   Wir müssen ab und zu die Unannehmlichkeiten in Kauf nehmen.

TAG 089   Diese Entscheidung könnte uns in Schwierigkeiten bringen.

TAG 090   Ich bemühte mich, meine Gedanken in Ordnung zu bringen.

TAG 081 ___월 ___일

> **Die Dienstleistungen stehen den Kunden rund um die Uhr zur Verfügung.**
>
> 이 서비스는 고객들에게 24시간 제공됩니다.

① jm. zur Verfügung stehen = 사용할 수 있다, 이용 가능하다
  → 어떤 것이 누군가에게 사용될 수 있는 경우 자주 쓰이며,
    서비스, 정보, 시간 등 사용 가능한 자원이 주어가 됩니다.
② rund um die Uhr = 24시간 내내
③ 유사한 표현: über etwas verfügen können

MP3 듣고 따라 말하며 세 번씩 써보기   🎧 mp3 161

①
②
③

응용해서 써본 후 MP3 듣고 따라 말하기   🎧 mp3 162

① 선생님은 학생들의 질문에 대답하기 위해 준비되어 있습니다. [(위치해) 있다 = stehen]
  →

② 그 정보는 모든 직원들에게 제공됩니다. [직원 = m. Mitarbeiter]
  →

---

① Der Lehrer steht den Schülern für Fragen zur Verfügung.
② Die Informationen stehen allen Mitarbeitern zur Verfügung.

TAG 082 ___월___일

> Die Bibliothek **stellt** den Studenten umfangreiche Literatur **zur Verfügung**.
>
> 그 도서관은 학생들에게 다양한 문학 자료를 제공한다.

① zur Verfügung stellen = (사용할 수 있도록) 제공하다
　→ 다른 사람이 무언가를 사용할 수 있도록 제공함을 의미하며,
　　서비스나 자원이 다른 사람의 요구를 충족시키기 위해 사용되는 경우에 쓰입니다.
② umfangreich = 다양한 → umfangreiche Literatur = 다양한 문학
③ 유사한 표현: bereitstellen = (즉시 사용 가능하도록) 준비하다

MP3 듣고 따라 말하며 세 번씩 써보기	🎧 mp3 163
①	
②	
③	

응용해서 써본 후 MP3 듣고 따라 말하기	🎧 mp3 164

① 정부는 실업자들을 위해 금전적 지원을 제공한다. [재정적 = finanziell, 지원 = f. Unterstützung]
　→

② 그 회사는 직원들을 위해 교육을 제공한다. [기업 = n. Unternehmen]
　→

> ① Die Regierung stellt finanzielle Unterstützung für Arbeitslose zur Verfügung.
> ② Das Unternehmen stellt Schulungen für Mitarbeiter zur Verfügung.

TAG 083 ___월 ___일

In unserem Menü stehen vegetarische Gerichte zur Auswahl.

우리의 메뉴에는 채식주의 요리들이 선택 가능합니다.

① zur Auswahl stehen = 선택 가능하다
   → 사용 가능한 옵션이나 선택지가 있는 경우 사용되는 표현입니다.
② 유사한 표현: ausgewählt werden können
   → 선택될 수 있는 가능성이나 능력을 의미하며,
     수동적인 관점에서 어떤 옵션이 선정될 수 있음을 나타내어
     선택의 주체보다는 선택될 수 있는 대상의 가능성이 포인트입니다.

| MP3 듣고 따라 말하며 세 번씩 써보기 | 🎧 mp3 165 |

①
②
③

| 응용해서 써본 후 MP3 듣고 따라 말하기 | 🎧 mp3 166 |

① 회사에 지원할 때 여러 포지션을 선택할 수 있습니다. [지원 = f. Bewerbung, 몇몇의 = mehrere]
   →
② 프로젝트 작업을 위해 다양한 주제가 선택 가능합니다. [프로젝트 작업 = f. Projektarbeit]
   →

① Bei der Bewerbung stehen Ihnen mehrere Positionen zur Auswahl.
② Für die Projektarbeit stehen verschiedene Themen zur Auswahl.

TAG 084 ___월 ___일

> Wir müssen dieses Thema zur Sprache bringen,
> um eine Lösung zu finden.
>
> 우리는 이 문제에 대해 이야기하여 해결책을 찾아야 합니다.

① zur Sprache bringen = 제기하다, 언급하다
  → 중요한 문제를 논의하거나 언급하기 위해 사용되며,
    대화나 회의에서 어떤 주제나 문제점을 제기하는 것을 의미합니다.

② eine Lösung finden = 해결책을 찾다
  → 문제를 해결하기 위한 방법을 모색하는 경우에 자주 사용되는 표현입니다.
  동의어: eine Lösung erarbeiten = 해결책을 마련하다

MP3 듣고 따라 말하며 세 번씩 써보기   mp3 167

①

②

③

응용해서 써본 후 MP3 듣고 따라 말하기   mp3 168

① 회의에서는 많은 중요한 질문이 제기되었습니다. [회의 = f. Versammlung]
  →

② 저는 중요한 주제를 제기하고 싶어요. [주제 = n. Thema]
  →

---

① Die Versammlung brachte viele wichtige Fragen zur Sprache.
② Ich möchte ein wichtiges Thema zur Sprache bringen.

TAG 085 ___월 ___일

> In dem Artikel kommt die politische Situation des Landes zur Sprache.
>
> 이 기사에서는 그 나라의 정치적 상황이 언급됩니다.

① zur Sprache kommen = 언급되다
→ 어떤 주제나 문제가 대화나 회의에서 자연스럽게 언급되거나 논의의 대상이 되는 경우 사용할 수 있습니다.

② die politische Situation = 정치적 상황
Situation des Landes = 그 나라의 상황 (중성 2격)

MP3 듣고 따라 말하며 세 번씩 써보기	🎧 mp3 169
①	
②	
③	

응용해서 써본 후 MP3 듣고 따라 말하기	🎧 mp3 170

① 회의 중에 그 주제가 언급되었다. [~하는 동안에 = während]

→

② 그의 의견이 연설에서 언급되었다. [의견 = f. Meinung, 연설 = f. Rede]

→

① Das Thema kam während des Meetings zur Sprache.
② Seine Meinung kam in der Rede zur Sprache.

TAG 086 ＿＿월＿＿일

> # Er brachte seinen Dank für die Hilfe zum Ausdruck.
> 그는 도움에 대한 감사를 표현했습니다.

① zum Ausdruck bringen = (생각, 감정, 의견을) 표현하다
　→ 자신의 내면적인 상태나 태도를 명확하게 전달하고자 할 때 사용됩니다.

② bringen - brachte - hat ··· gebracht
　→ 동사 '가지고 오다'의 변화 3요형

③ m. Dank = 감사
　Dank für die Hilfe = 도움에 대한 감사

MP3 듣고 따라 말하며 세 번씩 써보기　　　🎧 mp3 171

①

②

③

응용해서 써본 후 MP3 듣고 따라 말하기　　　🎧 mp3 172

① 그녀는 자신의 감정을 표현하지 못했습니다. [감정 = n. Gefühl]

→

② 그녀는 자신의 의견을 명확하게 표현하려고 노력했습니다. [명확한 = klar, 노력하다 = versuchen]

→

> ① Sie konnte ihre Gefühle nicht zum Ausdruck bringen.
>
> ② Sie versuchte, ihre Meinung klar zum Ausdruck zu bringen.

TAG 087 ___월 ___일

Die Wichtigkeit von Bildung kommt in den Artikeln zum Ausdruck.

교육의 중요성이 기사에서 나타난다.

① zum Ausdruck kommen = (생각, 감정, 특성을) 표현하다
   → 'zum Ausdruck bringen'보다 수동적인 상황에서 사용되며,
   생각이나 감정 등이 자연스럽게 드러나는 상황에서 사용합니다.

② f. Wichtigkeit = 중요성
   die Wichtigkeit von Bildung = 교육의 중요성

MP3 듣고 따라 말하며 세 번씩 써보기	mp3 173

①

②

③

응용해서 써본 후 MP3 듣고 따라 말하기	mp3 174

① 이 시에서 언어의 아름다움이 표현됩니다. [시 = n. Gedicht, 아름다움 = f. Schönheit]

→

② 비판은 토론에서 분명하게 나타났습니다. [분명한 = deutlich]

→

① In diesem Gedicht kommt die Schönheit der Sprache zum Ausdruck.
② Die Kritik kam in der Diskussion deutlich zum Ausdruck.

TAG 088 ＿＿월 ＿＿일

> # Wir müssen ab und zu die Unannehmlichkeiten in Kauf nehmen.
>
> 우리는 가끔 불편함을 감수해야 한다.

① in Kauf nehmen = 감수하다
  → 어떤 부정적인 결과가 예상되지만 그것을 받아들이고자 하는 의지를 나타냅니다.
② f. Unannehmlichkeit = 불편한 일, 귀찮은 일
  un + annehmen(받아들이다) + -keit = 받아들이기 힘든 상태
  → 이 표현은 격식 있는 대화에서 상대방에게 불편을 끼쳐 사과하는 상황에서도 자주 사용합니다.
③ 유사한 표현: akzeptieren = 받아들이다

MP3 듣고 따라 말하며 세 번씩 써보기	🎧 mp3 175

①

②

③

응용해서 써본 후 MP3 듣고 따라 말하기	🎧 mp3 176

① 때때로 우리는 성장하기 위해 비판을 감수해야 한다. [때때로 = Manchmal, 성장하다 = wachsen]

→

② 가끔 우리는 위험을 감수해야 한다. [가끔 = ab und zu, 위험 = f. Gefahr]

→

> ① Manchmal müssen wir Kritik in Kauf nehmen, um zu wachsen.
> ② Ab und zu müssen wir Gefahr in Kauf nehmen.

TAG 089   ___월 ___일

> ## Diese Entscheidung könnte uns in Schwierigkeiten bringen.
> 이 결정은 우리를 어려움에 처하게 할 수 있다.

① in Schwierigkeiten bringen = 어려움에 처하게 하다
  → 주로 어떤 원인이 어려운 상황에 빠드릴 때 사용됩니다.
② in Schwierigkeiten geraten = 어려움에 처하다, 곤란에 빠지다
  → 주체가 되는 주어가 불리한 상황이나 문제에 직면하게 될 때 사용됩니다.

MP3 듣고 따라 말하며 세 번씩 써보기	mp3 177

①
②
③

응용해서 써본 후 MP3 듣고 따라 말하기	mp3 178

① 그 행동은 나를 자주 곤란하게 만들었다. [행동 = n. Verhalten, 자주 = oft]
  →

② 그녀는 재정적으로 어려움에 처했다. [재정적 = finanziell]
  →

---

① Das Verhalten brachte mich oft in Schwierigkeiten.
② Sie ist finanziell in Schwierigkeiten geraten.

TAG 090 ___월 ___일

Ich bemühte mich, meine Gedanken in Ordnung zu bringen.

나는 나의 생각을 정리하기 위해 노력했다.

① in Ordnung bringen = 정리하다, 정돈하다, 수리하다
→ 상황 개선, 문제 해결을 위해 조정하는 과정을 나타내는 상황에서 사용할 수 있습니다.
정리뿐만 아니라, 문제를 해결하는 상황까지 다양하게 적용됩니다.

② sich bemühen = 노력하다, 애쓰다

MP3 듣고 따라 말하며 세 번씩 써보기 🎧 mp3 179

①

②

③

응용해서 써본 후 MP3 듣고 따라 말하기 🎧 mp3 180

① 나는 내 방을 정리해야 해. [방 = n. Zimmer]

→

② 이 차를 수리할 수 있겠어? [할 수 있다 = können]

→

---

① Ich muss mein Zimmer in Ordnung bringen.

② Kannst du das Auto in Ordnung bringen?

QUIZ

정답 p.172

01 Die Dienstleistungen stehen den Kunden (　　　　　) zur Verfügung.

이 서비스는 고객들에게 24시간 제공됩니다.

02 Der Lehrer (　　　) den Schülern für Fragen (　　　　).

선생님은 학생들의 질문에 대답하기 위해 준비되어 있습니다.

03 Die Bibliothek stellt den Studenten (　　　　　) zur Verfügung.

그 도서관은 학생들에게 다양한 문학 자료를 제공한다.

04 Die Regierung (　　　　) finanzielle Unterstützung für Arbeitslose (　　　　　).

정부는 실업자들을 위해 금전적 지원을 제공한다.

05 In unserem Menü stehen (　　　　　　　) zur Auswahl.

우리의 메뉴에는 채식주의 요리들이 선택 가능합니다.

06 Bei der Bewerbung (   ) Ihnen mehrere Positionen (   ).

회사에 지원할 때 여러 포지션을 선택할 수 있습니다.

07 Wir müssen dieses Thema zur Sprache bringen, um (   ).

우리는 이 문제에 대해 이야기하여 해결책을 찾아야 합니다.

08 Ich möchte ein wichtiges Thema (   ).

저는 중요한 주제를 제기하고 싶어요.

09 In dem Artikel kommt die (   ) des Landes zur Sprache.

이 기사에서는 그 나라의 정치적 상황이 언급됩니다.

10 Seine Meinung (   ) in der Rede (   ).

그의 의견이 연설에서 언급되었다.

11 Er brachte seinen Dank (   ) zum Ausdruck.

그는 도움에 대한 감사를 표현했습니다.

12 Sie konnte ihre Gefühle nicht (   ).

그녀는 자신의 감정을 표현하지 못했습니다.

13 (   ) kommt in den Artikeln zum Ausdruck.

교육의 중요성이 기사에서 나타난다.

14 In diesem Gedicht (   ) die Schönheit der Sprache (   ).

이 시에서 언어의 아름다움이 표현됩니다.

15 Wir müssen (   ) die Unannehmlichkeiten in Kauf nehmen.

우리는 가끔 불편함을 감수해야 한다.

16 Manchmal müssen wir Kritik (   ), um zu wachsen.

때때로 우리는 성장하기 위해 비판을 감수해야 한다.

17 Diese Entscheidung könnte uns (   ) Schwierigkeiten (   ).

이 결정은 우리를 어려움에 처하게 할 수 있다.

18 Sie ist finanziell (   ).

그녀는 재정적으로 어려움에 처했다.

19 Ich muss mein Zimmer (   ).

나는 내 방을 정리해야 해.

20 (   ) das Auto in Ordnung bringen?

이 차를 수리할 수 있겠어?

정답 확인

01 rund um die Uhr	11 für die Hilfe
02 steht / zur Verfügung	12 zum Ausdruck bringen
03 umfangreiche Literatur	13 Die Wichtigkeit von Bildung
04 stellt / zur Verfügung	14 kommt / zum Ausdruck
05 vegetarische Gerichte	15 ab und zu
06 stehen / zur Auswahl	16 in Kauf nehmen
07 eine Lösung zu finden	17 in / bringen
08 zur Sprache bringen	18 in Schwierigkeiten geraten
09 politische Situation	19 in Ordnung bringen
10 kam / zur Sprache	20 Kannst du

MEMO 틀린 문장이 있을 경우 아래에 몇 번씩 반복해서 써보세요.

LEKTION 10

형용사와 전치사의 결합 표현들

TAG 091	In dieser schwierigen Situation sind wir auf Ihre Unterstützung angewiesen.
TAG 092	Die Regierung ist bemüht um die Verbesserung der Bildungssysteme.
TAG 093	Die Mitarbeiter sind dankbar für das flexible Arbeitszeitmodell.
TAG 094	Die Kinder sind gespannt auf die Geschenke zu Weihnachten.
TAG 095	Wir sind verwundert über die plötzliche Wetteränderung.
TAG 096	Wir sind erfreut über die positiven Rückmeldungen.
TAG 097	Sie sind erfahren in der Kundenbetreuung.
TAG 098	Sie sind überzeugt von der Notwendigkeit, ihre Technologie zu aktualisieren.
TAG 099	Ich bin sehr zufrieden mit meiner Arbeit.
TAG 100	Die Lehrerin ist aufgeschlossen gegenüber unterschiedlichen Lernmethoden.

TAG 091 ___월 ___일

> **In dieser schwierigen Situation sind wir auf Ihre Unterstützung angewiesen.**
> 이 어려운 상황에서는 당신의 지원에 의존해야 합니다.

① angewiesen sein auf + 4격 = ~에 의존하다
 → 누군가에게 의존하거나, 어떤 사람이나 상황이 필수적으로 중요한 경우에 사용됩니다.
② f. Unterstützung = 지원, 도움
③ 유사한 표현: abhängig sein von + 3격 = ~에 달려 있다

MP3 듣고 따라 말하며 세 번씩 써보기 🎧 mp3 181

①
②
③

응용해서 써본 후 MP3 듣고 따라 말하기 🎧 mp3 182

① 많은 기업들이 디지털 기술에 의존하고 있다. [많은 = viel, 기업 = n. Unternehmen]
 →

② 어린이들은 종종 부모에게 의존합니다. [종종 = oft]
 →

---

① Viele Unternehmen sind auf digitale Technologien angewiesen.
② Kinder sind oft auf ihre Eltern angewiesen.

TAG 092 ___월 ___일

> ## Die Regierung ist bemüht um die Verbesserung der Bildungssysteme.
> 정부는 교육 시스템을 개선하려 노력하고 있습니다.

① bemüht sein um + 4격 = 노력하다
→ 어떤 것을 얻기 위해 노력하거나 애쓰는 경우 사용되며,
목표에 도달하기 위한 개인의 노력과 의지를 표현할 수 있습니다.

② f. Verbesserung = 개선
die Verbesserung der Bildungssysteme = 교육 시스템의 개선

MP3 듣고 따라 말하며 세 번씩 써보기	🎧 mp3 183

①

②

③

응용해서 써본 후 MP3 듣고 따라 말하기	🎧 mp3 184

① 그녀는 동료들과 좋은 관계를 유지하려 노력합니다. [관계 = f. Beziehung, 동료들 = pl. Kollegen]

→

② 그들은 환경 보존을 위해 노력하고 있습니다. [환경 = f. Umwelt, 보존 = f. Erhaltung]

→

> ① Sie ist bemüht um eine gute Beziehung zu ihren Kollegen.
> ② Sie sind bemüht um die Erhaltung der Umwelt.

TAG 093 ___월 ___일

> Die Mitarbeiter sind dankbar für das flexible Arbeitszeitmodell.
>
> 직원들은 유연한 근무 시간 형태에 감사하고 있다.

① dankbar sein für + 4격 = ~에 대해 감사하다
→ 감사함을 표현할 때 사용되며, für 뒤에 '감사한 일'을 4격 명사구로 넣어줄 수 있습니다.
② n. Arbeitszeitmodell = 근무 시간 형태
 das flexible Arbeitszeitmodell = 유연한 근무 시간 형태
③ 유사한 표현: (일상) danken jm. für + 4격 / (격식) sich bedanken für + 4격

MP3 듣고 따라 말하며 세 번씩 써보기	mp3 185

①

②

③

응용해서 써본 후 MP3 듣고 따라 말하기	mp3 186

① 당신의 도움에 고맙습니다. [도움 = f. Hilfe]
 →

② 우리는 이웃들의 도움에 감사합니다. [이웃 = m. Nachbarn, 지지/도움 = f. Unterstützung]
 →

① Ich bin dankbar für deine Hilfe.
② Wir sind dankbar für die Unterstützung der Nachbarn.

TAG 094 ___월 ___일

> **Die Kinder sind gespannt auf die Geschenke zu Weihnachten.**
> 어린이들은 크리스마스 선물을 기대합니다.

① gespannt sein auf + 4격 = ~에 대해 기대하다
  → 기대감이나 흥미로움을 나타낼 수 있으며, 어떤 설렘이 있는 상황을 설명할 때 자주 사용됩니다.
   전치사 auf 뒤에 '궁금하고 기대되는 일'을 4격 명사구로 넣어줍니다.

② zu Weihnachten = 크리스마스 기념의
   die Geschenke zu Weihnachten = 크리스마스 기념 선물

MP3 듣고 따라 말하며 세 번씩 써보기 🎧 mp3 187

①

②

③

응용해서 써본 후 MP3 듣고 따라 말하기 🎧 mp3 188

① 나는 시험 결과가 기대됩니다. [시험 = f. Prüfung, 결과 = n. Ergebnis]

→

② 나는 직장에서의 첫날을 기대하고 있어. [첫 번째의 = erst, 근무일 = m. Arbeitstag]

→

---

① Ich bin gespannt auf das Ergebnis der Prüfung.

② Ich bin gespannt auf meinen ersten Arbeitstag.

TAG 095 ___월 ___일

> # Wir sind verwundert über
> # die plötzliche Wetteränderung.
> 우리는 갑작스러운 날씨 변화에 놀랐습니다.

① verwundert sein über + 4격 = ~에 대해 놀라다
  → 어떤 것에 대한 놀라움의 감정을 표현할 때 사용되며,
   단순한 놀라움이 아니라 평소 기대보다 다른 상황에 대한 감정을 표현할 수 있습니다.

② f. Wetteränderung = 날씨 변화, 기후 변화
   die plötzliche Wetteränderung = 갑작스러운 날씨 변화

MP3 듣고 따라 말하며 세 번씩 써보기	mp3 189

①

②

③

응용해서 써본 후 MP3 듣고 따라 말하기	mp3 190

① 그녀는 그의 예상치 못한 행동에 놀랐습니다. [예기치 않은 = unerwartet, 행동 = n. Verhalten]
  →

② 그는 그녀의 갑작스러운 결정에 놀랐습니다. [갑작스러운 = plötzlich, 결정 = f. Entscheidung]
  →

① Sie war verwundert über sein unerwartetes Verhalten.
② Er war verwundert über ihre plötzliche Entscheidung.

TAG 096 ___월 ___일

> ## Wir sind erfreut über die positiven Rückmeldungen.
> 우리는 긍정적인 피드백에 기쁩니다.

① erfreut sein über + 4격 = ~에 대해 기뻐하다

② 유사한 표현: sich freuen über + 4격 = ~에 대해 기쁘다
   → 재귀동사이므로 적절한 재귀대명사와 함께 사용해야 합니다.

③ f. Rückmeldung = 피드백, 답변
   die positiven Rückmeldung = 긍정적인 피드백

MP3 듣고 따라 말하며 세 번씩 써보기	🎧 mp3 191

①

②

③

응용해서 써본 후 MP3 듣고 따라 말하기	🎧 mp3 192

① 그녀는 선물에 기뻐하고 있다. [선물 = n. Geschenk]

→

② 그는 파티 초대에 기뻤다. [초대 = f. Einladung]

→

---

① Sie ist erfreut über das Geschenk.

② Er war erfreut über die Einladung zur Party.

TAG 097 ___월 ___일

Sie sind erfahren in der Kundenbetreuung.

그들은 고객 서비스에 숙련되어 있습니다.

① erfahren sein in + 3격 = ~에 숙련된, 경험이 많은
  → 어떤 분야에서 실질적인 경험을 통한 지식과 기술을 가지고 있는 경우에 사용할 수 있습니다.
  erfahren 동사와 형태가 같지만, 형용사이므로 sein 동사와 함께 사용합니다.
② f. Kundenbetreuung = 고객 서비스

MP3 듣고 따라 말하며 세 번씩 써보기 🎧 mp3 193

①

②

③

응용해서 써본 후 MP3 듣고 따라 말하기 🎧 mp3 194

① 그녀는 프로그래밍에 능숙합니다. [프로그래밍 = f. Programmierung]
  →

② 그는 프로젝트 관리에 능숙합니다. [프로젝트 관리 = n. Projektmanagement]
  →

> ① Sie ist erfahren in der Programmierung.
> ② Er ist erfahren im Projektmanagement.

TAG 098 ___월 ___일

> # Sie sind überzeugt von der Notwendigkeit, ihre Technologie zu aktualisieren.
> 그들은 기술을 업데이트하는 필요성에 대해 확신합니다.

① überzeugt sein von + 3격 = ~에 대해 확신하고 있다
  → 어떤 주제에 대한 강한 믿음이나 확신을 나타냅니다.
    전치사 von 뒤에는 확신의 대상이 되는 주제를 3격 명사구로 넣어줍니다.
② f. Notwendigkeit = 필요성
③ die Technologie aktualisieren = 기술을 업데이트하다

MP3 듣고 따라 말하며 세 번씩 써보기	mp3 195

①

②

③

응용해서 써본 후 MP3 듣고 따라 말하기	mp3 196

① 그녀는 그의 성실성에 대해 확신한다. [성실 = f. Ehrlichkeit]

  →

② 회사는 그 전략에 대해 확신합니다. [회사 = f. Firma, 전략 = f. Strategie]

  →

① Sie ist überzeugt von seiner Ehrlichkeit.
② Die Firma ist überzeugt von der Strategie.

TAG 099 ___월 ___일

> ## Ich bin sehr zufrieden mit meiner Arbeit.
>
> ## 나는 내 일에 매우 만족하고 있다.

① zufrieden sein mit + 3격 = ~에 만족스럽다
 → 어떤 것에 대해 만족하고 있는 상태를 나타냅니다.
  <u>전치사 mit 이후에는 무엇에 대해 만족스러운지에 대해 3격 명사구를 사용합니다.</u>
② 유사한 표현: befriedigt sein mit + 3격
③ mit meiner Arbeit = 나의 일에 있어서 / mit meinem Studium = 나의 학업에 있어서
 mit meiner Lage / Situation = 나의 상황에 있어서

MP3 듣고 따라 말하며 세 번씩 써보기	🎧 mp3 197
①	
②	
③	

응용해서 써본 후 MP3 듣고 따라 말하기	🎧 mp3 198

① 그는 결과에 만족합니다. [결과 = n. Ergebnis]
 →

② 그들은 자신의 성과에 만족합니다. [성과 = f. Leistung]
 →

---

① Er ist zufrieden mit den Ergebnissen.
② Sie sind zufrieden mit ihrer Leistung.

TAG 100 ___월 ___일

> **Die Lehrerin ist aufgeschlossen gegenüber unterschiedlichen Lernmethoden.**
>
> 선생님은 다양한 교수법에 열려 있습니다.

① aufgeschlossen gegenüber + 3격 = ~에 대해 열려있다, 개방적이다
  → 새로운 경험에 대해 열린 마음을 가지고 있거나 수용적인 태도를 나타내는 표현입니다.
② f. Lernmethode = 교수법
   unterschiedliche Lernmethode = 다양한 교수법
   f. Arbeitsmethode = 업무 방법 / f. Untersuchungsmethode = 연구 방법

MP3 듣고 따라 말하며 세 번씩 써보기	🎧 mp3 199

①

②

③

응용해서 써본 후 MP3 듣고 따라 말하기	🎧 mp3 200

① 그는 다양한 문화에 대해 개방적입니다. [다양한 = verschieden]

  →

② 그녀는 새로운 아이디어에 열려 있습니다. [아이디어 = f. Idee]

  →

> ① Er ist aufgeschlossen gegenüber verschiedenen Kulturen.
> ② Sie ist aufgeschlossen gegenüber neuen Ideen.

QUIZ

정답 p.188

01 In dieser (　　　　　　　　) sind wir auf Ihre Unterstützung angewiesen.

이 어려운 상황에서는 당신의 지원에 의존해야 합니다.

02 Viele Unternehmen sind (　　　) digitale Technologien (　　　　　).

많은 기업들이 디지털 기술에 의존하고 있다.

03 Sie ist (　　　　　　　) eine gute Beziehung zu ihren Kollegen.

그녀는 동료들과 좋은 관계를 유지하려 노력합니다.

04 Sie sind bemüht um (　　　　　　　　).

그들은 환경 보존을 위해 노력하고 있습니다.

05 Ich bin (　　　　　　) deine Hilfe.

당신의 도움에 고맙습니다.

06 Wir sind dankbar für (　　　　　　　　) der Nachbarn.

우리는 이웃들의 도움에 감사합니다.

07 Die Kinder sind gespannt auf die Geschenke (　　　　　　).

어린이들은 크리스마스 선물을 기대합니다.

08 Ich bin (　　　　　　) das Ergebnis der Prüfung.

나는 시험 결과가 기대됩니다.

09 Sie war verwundert über sein (　　　　　　).

그녀는 그의 예상치 못한 행동에 놀랐습니다.

10 Er war (　　　　　　) ihre plötzliche Entscheidung.

그는 그녀의 갑작스러운 결정에 놀랐습니다.

11 Wir sind erfreut über die (　　　　　　).

우리는 긍정적인 피드백에 기쁩니다.

12 Er war (　　　　　　) die Einladung zur Party.

그는 파티 초대에 기뻤다.

13 Sie ist (   ) der Programmierung.

그녀는 프로그래밍에 능숙합니다.

14 Er ist erfahren im (   ).

그는 프로젝트 관리에 능숙합니다.

15 Sie sind überzeugt von der Notwendigkeit,

ihre (   ).

그들은 기술을 업데이트하는 필요성에 대해 확신합니다.

16 Sie ist (   ) seiner Ehrlichkeit.

그녀는 그의 성실성에 대해 확신한다.

17 Ich bin sehr zufrieden mit (   ).

나는 내 일에 매우 만족하고 있다.

18 Sie sind (   ) ihrer Leistung.

그들은 자신의 성과에 만족합니다.

19 Die Lehrerin ist aufgeschlossen gegenüber
(   ).

선생님은 다양한 교수법에 열려 있습니다.

20 Er ist (   ) gegenüber verschiedenen Kulturen.

그는 다양한 문화에 대해 개방적입니다.

01	schwierigen Situation	11	positiven Rückmeldungen
02	auf / angewiesen	12	erfreut über
03	bemüht um	13	erfahren in
04	die Erhaltung der Umwelt	14	Projektmanagement
05	dankbar für	15	Technologie zu aktualisieren
06	die Unterstützung	16	überzeugt von
07	zu Weihnachten	17	meiner Arbeit
08	gespannt auf	18	zufrieden mit
09	unerwartetes Verhalten	19	unterschiedlichen Lernmethoden
10	verwundert über	20	aufgeschlossen

MEMO 틀린 문장이 있을 경우 아래에 몇 번씩 반복해서 써보세요.

부록

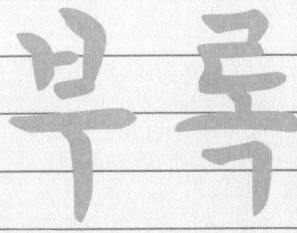

고급문장 100 주요 내용 총정리

① 형용사 어미 변화

② 수동태의 시제

③ 2격 지배 전치사

④ 의견을 주장하는 표현

⑤ 그래프 묘사하기

⑥ 상관접속사

⑦ [명사 + 동사] 결합 표현

1 형용사 어미 변화

① 약변화 : 정관사 + 형용사 + 명사

	남성	여성	중성	복수
1격	-e	-e	-e	-en
2격	-en	-en	-en	-en
3격	-en	-en	-en	-en
4격	-en	-e	-e	-en

② 혼합변화 : 부정관사 + 형용사 + 명사

	남성	여성	중성	복수
1격	-er	-e	-es	
2격	-en	-en	-en	
3격	-en	-en	-en	
4격	-en	-e	-es	

③ 강변화 : 형용사 + 명사

	남성	여성	중성	복수
1격	-er	-e	-es	-e
2격	-en	-er	-en	-er
3격	-em	-er	-em	-en
4격	-en	-e	-es	-e

④ 형용사의 명사화

	남성	여성	복수
1격	der Bekannte ein Bekannter	die Bekannte eine Bekannte	die Bekannten Bekannte
2격	des Bekannten eines Bekannten	der Bekannten einer Bekannten	der Bekannten Bekannter
3격	dem Bekannten einem Bekannten	der Bekannten einer Bekannten	den Bekannten Bekannten
4격	den Bekannten einen Bekannten	die Bekannte eine Bekannte	die Bekannten Bekannte

2 수동태의 시제

시제	예문
현재	Annika wird von der Schule abgeholt.
과거	Annika wurde von der Schule abgeholt.
현재완료	Annika ist von der Schule abgeholt worden.
과거완료	Annika war von der Schule abgeholt worden.
미래형	Annika wird von der Schule abgeholt werden.

3 2격 지배 전치사

laut	~에 따르면	출처를 설명하는 경우
mithilfe	~의 도움으로 ~을 이용하여	도움을 밝히는 경우
aufgrund	~때문에	원인을 말하는 경우
angesichts	~을 고려하여	고려 사항을 말하는 경우
anhand	~을 통해 ~에 의하여 ~을 근거로	근거를 말하는 경우
unweit	근처에 가까이에 멀지 않은 곳에	근방을 나타내는 경우
infolge	~때문에 ~의 결과로서	결과를 말하는 경우
anstatt	~대신에	대체를 말하는 경우
hinsichtlich	~에 관련하여	관련성을 설명하는 경우
wegen	~때문에, ~덕분에	이유를 설명하는 경우
trotz	~임에도 불구하고	trotz des Wetters 날씨에도 불구하고
während	~하는 동안	während der Pause 쉬는 동안
statt	~대신에	statt des Autos 자동차 대신

4 의견을 주장하는 표현

Ich bin der Auffassung, dass	나의 의견은 ~이다
Meiner Ansicht nach	나의 견해에 따르면
Ich würde mich für … entscheiden	나는 ~을 결정할 것 같아
Ich halte … für sinnvoll	나는 ~을 중요하게 생각해
Für mich käme … nicht infrage	나에게는 ~이 고려할 사항도 아니야
Meines Erachtens	나의 소견으로는
Aus meiner Sicht	나의 관점에서는
Für mich ist es wichtig, dass	나에게는 ~이 중요해
Laut einer Studie	연구에 따르면
Als Beispiel lässt sich … anführen	~을 예시로 들 수 있어

5 그래프 묘사하기

Die Grafik behandelt das Thema	이 그래프는 ~을 주제로 다루고 있다
Das Diagramm stellt … dar	이 다이어그램은 ~을 제시한다
Als Quelle ist … angegeben	출처로 ~이 명시되어 있다
Der Zeitraum umfasst die Jahre von … bis …	해당 기간은 ~부터 ~이다
Die Angaben der Grafik sind in … angegeben	이 그래프의 항목은 ~로 표시되었다
Die Zahl der … ist um 20% gestiegen	~의 수가 20% 증가했다
Die Zahl der … ist um 10% gesunken	~의 수가 10% 감소했다
Dabei fällt auf, dass	주목할 점은 ~이다
Ich vermute, dass	내 추측으로는 ~하다
Zusammenfassend kann man sagen, dass	~라고 요약할 수 있다

6 상관접속사

zwar … aber …	~이긴 하지만 그러나 ~이다
sowohl A als auch B	A뿐만 아니라 B도
nicht nur A sondern auch B	A뿐만 아니라 B도
weder A noch B	A도 아니고 B도 아닌
einerseits … andererseits …	한편으로는~ 반면~
Auf der einen Seite … auf der anderen Seite …	한편으로는~ 다른 한편으로는~
im Gegensatz zu	~와는 반대로
im Unterschied zu	~와 달리, 대조적으로
im Vergleich zu	~에 비교하여
Anders als	~와는 다르게

7 [명사 + 동사] 결합 표현

einen Einfluss haben auf	~에 영향을 미치다
einen Beitrag geben zu	~에 대해 기여하다
eine Auswirkung haben	~에 영향을 미치다
eine Entscheidung treffen	결정을 내리다
einen Kompromiss finden	타협하다, 절충안을 찾다
jm. Freude bereiten	~에게 기쁨을 주다
Vorbereitungen treffen	준비를 하다, 준비 작업을 하다
das Verständnis vertiefen	이해도를 높이다, 깊게 이해하다
Kenntnisse erweitern	지식을 확장하다, 지식 범위를 넓히다
Kritik üben	비판하다, 비평하다
zur Verfügung stehen	사용할 수 있다, 이용 가능하다
zur Verfügung stellen	(사용할 수 있도록) 제공하다
zur Auswahl stehen	선택 가능하다
zur Sprache bringen	제기하다, 언급하다
zur Sprache kommen	언급되다
zum Ausdruck bringen	(생각, 감정, 의견을) 표현하다
zum Ausdruck kommen	(생각, 감정, 특성을) 표현하다
in Kauf nehmen	감수하다
in Schwierigkeiten bringen	어려움에 처하게 하다
in Schwierigkeiten geraten	어려움에 처하다, 곤란에 빠지다

in Ordnung bringen	정리하다, 정돈하다, 수리하다
angewiesen auf	~에 의존하는
bemüht um	~을 위해 노력하는
dankbar für	~에 대해 감사하는
gespannt auf	~에 대해 기대하는
verwundert über	~에 대해 놀라는
erfreut über	~에 대해 기뻐하는
erfahren in	~에 숙련된, 경험이 많은
überzeugt von	~에 대해 확신하는
zufrieden mit	~에 만족스러운
aufgeschlossen gegenüber	~에 대해 열려있는, 개방적인

나의 하루 1줄 독일어 쓰기 수첩 [고급문장 100]

초 판 발 행	2024년 10월 14일 (인쇄 2024년 09월 11일)
발 행 인	박영일
책 임 편 집	이해욱
저　　　자	박주연
감　　　수	Wilbert Jessica
편 집 진 행	박시현
표지디자인	조혜령
편집디자인	임아람 · 하한우
발 행 처	시대인
공 급 처	(주)시대고시기획
출 판 등 록	제 10-1521호
주　　　소	서울시 마포구 큰우물로 75 [도화동 538 성지 B/D] 9F
전　　　화	1600-3600
팩　　　스	02-701-8823
홈 페 이 지	www.sdedu.co.kr
I S B N	979-11-383-7110-0(13750)
정　　　가	12,000원

※ 이 책은 저작권법에 의해 보호를 받는 저작물이므로, 동영상 제작 및 무단전재와 복제, 상업적 이용을 금합니다.
※ 이 책의 전부 또는 일부 내용을 이용하려면 반드시 저작권자와 (주)시대고시기획 · 시대인의 동의를 받아야 합니다.
※ 잘못된 책은 구입하신 서점에서 바꾸어 드립니다.
※ '시대인'은 종합교육그룹 '(주)시대고시기획 · 시대교육'의 단행본 브랜드입니다.